일 본 어
국제회의
통역노트

일본어 국제회의 통역노트

日本語国際会議通訳ノート

박혜경 지음

이화여자대학교출판문화원

머리말

"회장님, 죄송하지만 앞으로 나와주시기 바랍니다."

会長、すみませんが、前に出てください。

"직원이 마이크를 가져다드리겠습니다."

職員がマイクをもってあげます。

이상의 어색한 일본어 표현들은 다소 과장되기는 했지만, 필자가 이 책을 쓰게 된 동기가 되었다.

지금 이 시간에도 국제회의 통역사를 꿈꾸는 많은 사람들이 정치·경제·과학·정보통신 등 다양한 전문분야를 이해하기 위해 배경지식을 익히거나 어려운 전문용어들을 붙잡고 씨름하고 있을 것이다. 국제회의 통역사가 되기 위해서는 외국어만 잘해서는 안 된다는 인식이 어느 정도 확산된 것은 다행스러운 일이다.

그런데 예상치 못한 곳에 복병이 기다리고 있다. 대출 회피는 「貸し渋り」이고 돈세탁은 「マネーロンダリング」, 그리고 벼랑 끝 정책은 「瀬戸際政策」라는 식으로 온갖 어려운 용어들을 열심히 외웠는데 느닷없이 "앞으로 나와주십시오"라는 발언이 나온다. 순간 친구에게 하듯이 옮기려고 하니 왠지 공식 석상에서 사용해서는 안 될 것 같아 그만 우물거리고 만다.

이뿐만 아니다. 골치 아픈 높임말 표현들이 늘 발목을 잡는다. 일본에서 어릴 적에 학교를 다녔든 국내에서 공부를 했든 별반 다르지 않다. J-pop은 알아도 어른들이 모이는 공식 석상이나 외교 석상은 접해보지 않았기 때문이다. 그나마 통번역을 가르치는 교육기관에서 공식 석상에 걸맞는 표현들을 배우기는 했지만 TPO(Time, Place, Occasion)에 따라 적절히 가려 쓰기가 여간 힘

들지 않다. 기업에서 일하는 실무자나 현장에서 각종 통역을 담당하는 사람들 역시 마찬가지이다. 각자의 전공 분야에는 자신이 있지만 이런 표현들이 나오면 전전긍긍한다. 시중에 회화책들은 많이 나와 있어도 이런 것들을 가르쳐 주는 교재는 딱히 없기 때문이다. 이 책은 바로 이러한 어려움을 겪는 사람들을 위해 모든 국제회의에 반드시 들어가는 각종 인사말과 진행자의 진행 발언들을 한데 모아 정리하였다.

이 책은 크게 1부와 2부로 나누었는데, 1부는 인사말과 진행 시나리오, 2부는 주주총회로 되어 있다. 1부는 다시 기본 표현, 응용 표현-1·2(일부는 3까지 있음)로 구성되어 있다. 기본 표현에서는 기본적으로 알아두어야 할 표현들을 중심으로 누구나 쉽게 익힐 수 있도록 정리하였고, 응용 표현-1에서는 기본 표현을 약간 응용한 표현들을 소개하였다. 응용 표현-2에서는 난이도가 높은 다양한 표현들을 정리해놓았다. 따라서 여기에 나오는 표현들만 잘 익혀도 여러 상황에 큰 어려움 없이 대처할 수 있다.

2부의 주주총회는 기본 표현과 응용 표현만으로 구성돼 있으며 주주총회와 직접적으로 관련된 표현들을 정리했기 때문에 1부보다 난이도가 높다. 외국인 투자가 늘어나고 합작회사들이 많이 생기면서 주주총회 관련 통역이 늘어나 2부에 따로 묶어놓았다.

또한 전체적인 흐름을 이해하는 데 도움이 되도록 1부와 2부에 각각 부록을 달아 실제 국제회의 석상에서 나온 각종 인사말을 소개하였다.

통·번역을 가르치는 교사로서 실무를 위한 교재가 많지 않은 것이 늘 마음의 부담이 되었는데 이 책을 정리하면서 약간의 짐을 덜 수 있게 되어 기쁘다.

통역을 공부하는 학생들이나 업무상 필요한 실무자들에게 조금이나마 도움이 됐으면 하는 바람이다. 바쁘신 와중에도 꼼꼼하게 일본어 감수를 봐주신 関西学院大学의 오시카 타다히사(大鹿薫久) 지도교수님께 감사의 말씀을 전한다.

2020년 1월

이화여자대학교 통역번역대학원 교수

박 혜 경

차례

1부 인사말, 진행 시나리오

2부 주주총회

1부

인사말, 진행 시나리오

日本語

1

안내 말씀 드립니다

ご案内申(あんないもう)し上(あ)げます

기본 표현

1 안내 말씀 드립니다. 곧 개회식이 시작됩니다.
ご案内申(あんないもう)し上(あ)げます。まもなく開会式(かいかいしき)が始(はじ)まります。

2 안내 말씀 드립니다. 곧 회의를 시작하겠습니다.
ご案内申(あんないもう)し上(あ)げます。まもなく開会(かいかい)いたします。

3 곧 회의가 시작됩니다. 여러분, 자리에 앉아주시기 바랍니다.
まもなく会議(かいぎ)が始(はじ)まります。皆(みな)さま、ご着席(ちゃくせき)をお願(ねが)いします。

응용 표현 1

1 안내 말씀 드리겠습니다. 곧 개회식이 시작될 예정이오니 잠시 기다려 주십시오.

ご案内申し上げます。まもなく開会式が始まりますので、今しばらくお待ちください。

2 안내 말씀 드리겠습니다. 곧 회의를 시작할 예정이오니 잠시 기다려주시기 바랍니다.

ご案内申し上げます。まもなく開会いたしますので、今しばらくお待ちくださいますようお願い申し上げます。

3 곧 회의가 시작되오니 자리에 앉아주시기 바랍니다.

まもなく会議が始まりますので、皆さまご着席くださいますようお願い申し上げます。

4 회의는 잠시 후 10시 정각에 시작되겠습니다.

会議はまもなく定刻の１０時から始まります。

응용 표현 2

1 곧 개회식이 시작될 예정이오니 밖에 계시는 내빈 여러분께서는 행사장 안으로 들어와주시기 바랍니다.

まもなく開会式が始まりますので、外にいらっしゃるご来賓の皆さまは会場にお入りくださいますようお願い申し上げます。

2 곧 회의를 시작하겠사오니 로비에 계신 분들은 회의장 안으로 들어와 주시기 바랍니다.

まもなく開会いたしますので、ロビーにおいでの方は、会 場 内にお入りください。

3 곧 다음 강연이 시작됩니다. 로비에 계신 분들은 자리로 돌아와주시기 바랍니다.

まもなく、次の講演が始まります。ロビーにおいでの方はお席にお戻りくださいますようお願い申し上げます。

4 월요일이라 길이 막혀 모두 늦으시는 것 같습니다. 잠시 기다려주시기 바랍니다.

月曜日ということで道が込んでいるため、皆さま遅れているようです。今しばらくお待ちくださいますようお願い申し上げます。

5 비가 와 길이 혼잡하여 늦으시는 분이 많은 것 같습니다. 잠시만 더 기다려 주시기 바랍니다.

雨が降って道が混雑しているため、遅れる方が多いようです。もうしばらくお待ちくださいますようお願い申し上げます。

TIPS

「お待ちください」와 「お待ちくださいますようお願い申し上げます」

일반적으로 「ください」 라는 표현으로도 충분하지만 격식을 중시하는 회의나 대형 행사에서는 「～くださいますようお願い申し上げます」 라는 표현을 쓰면 좋다.

「貴賓」과 「来賓」

우리말에서는 '귀빈'이나 '내빈'을 모두 쓰지만 일본어에서는 주로 '내빈'이라는 표현을 사용한다. 또 우리말 연설에서 가끔 '신사, 숙녀 여러분'이라는 표현이 등장하는데 이럴 때는 「ご列席の皆さま」、「ご来賓の皆さま」、「ご来場の皆さま」 와 같이 표현하면 된다.

단어 및 표현

잠시 — 今しばらく、もうしばらく

▷ 今しばらく가 좀 더 의례적인 느낌을 준다.

2

개회식을 시작하겠습니다

開会式(かいかいしき)を行(おこな)いたいと思(おも)います

기본 표현

1 지금부터 개회식을 시작하겠습니다.

ただいまより、開会式(かいかいしき)を行(おこな)いたいと思(おも)います。

2 지금부터 개회식을 거행하도록 하겠습니다.

ただいまより、開会式(かいかいしき)を執(と)り行(おこな)いたいと思(おも)います。

3 지금부터 회의를 시작하겠습니다.

ただいまより、会議(かいぎ)を始(はじ)めたいと思(おも)います。

응용 표현 1

1 여러분, 오래 기다리셨습니다. 그럼 지금부터 개회식을 시작하겠습니다.

皆(みな)さま、お待(ま)たせいたしました。それではただいまより開会式(かいかいしき)を行(おこな)いたいと思(おも)います。

2 여러분, 많이 기다리셨습니다. 정각이 됐으므로 개회식을 거행하도록 하겠습니다.

皆(みな)さま、大変(たいへん)お待(ま)たせいたしました。定刻(ていこく)となりましたので開会式(かいかいしき)を執(と)り行(おこな)いたいと思(おも)います。

3 대단히 오래 기다리셨습니다. 예정된 시간이 됐으므로 회의를 시작하겠습니다.

大変長(たいへんなが)らくお待(ま)たせいたしました。予定(よてい)の時間(じかん)になりましたので会議(かいぎ)を始(はじ)めたいと思(おも)います。

응용 표현 2

1 아직 시간이 안 됐습니다만 모두 모이셨으니 지금부터 협의회를 개최하겠습니다.

定刻前(ていこくまえ)ですが、皆(みな)さまお揃(そろ)いになりましたので、ただいまから協議会(きょうぎかい)を開催(かいさい)いたします。

2 시간이 다 됐습니다만 아직 못 오신 분들이 계십니다. 참석자들이 모이는 대로 시작하겠으니 잠시 더 기다려주시기 바랍니다.

定刻となりましたが、まだお見えになっていない方がいらっしゃいます。ご出席の方がそろい次第始めたいと思いますので、今しばらくお待ちください。

3 여러분들께서도 피곤하실 테니 바로 진행하겠습니다.

皆さまもお疲れのことと思いますので、早速進めてまいりたいと思います。

4 지금 다나카 씨로부터 몸이 안 좋아 참석할 수 없다는 연락이 왔으므로 바로 시작하도록 하겠습니다.

ただいま、田中さんから体調不良により出席できないというご連絡が入りましたので早速始めたいと思います。

5 대단히 죄송합니다만 앞쪽 자리부터 채워서 앉아주시기 바랍니다.

大変恐縮ですが、前の方から席をお詰めいただきご着席くださいますようお願い申し上げます。

6 내빈 여러분께 안내 말씀 드립니다. 나중에 오시는 분들을 위해 앞쪽의 빈 자리부터 앉아주시기 바랍니다. 많은 협조 부탁드립니다.

ご来場の皆さまに申し上げます。後からいらっしゃる方のために、前方の空いているお席より詰めてお掛けください。ご協力のほど、よろしくお願い申し上げます。

TIPS

「お待たせしました」와 「お待たせいたしました」

「お～します」와 「お～いたします」 모두 겸양어(謙譲語, 受け手尊敬語)이다. 후자인 「お～いたします」가 좀 더 공손한 표현이므로 격식을 중시하는 회의 석상에 적합하다.

동사의 높임말 만들기

동사의 높임말을 만드는 기본 형태는 「お+動詞連用形+になる」 이다. '오시다', '계시다'의 「お見えになる」, 「おいでになる」 등이 이에 해당하며 「いらっしゃる」와 비슷한 높임말이다. 그러나 「お言いになる」, 「お食べになる」, 「お見になる」와 같이 예외도 있다. 이런 경우에는 각각 「おっしゃる, 召しあがる, ご覧になる」로 표현해야 한다.

단어 및 표현

기다리다　待つ

▷ 기다리게 하다　待たせる 「待つ+せる」(사역)

거행하다　執り行う

▷ 우리말에도 '○○식을 하다'와 '○○식을 거행하다'에 차이가 있듯이 식의 규모가 크거나 격식을 차리는 경우는 「執り行う」를, 일반적이고 간단한 식일 때는 「行う」로 하면 된다.

모이시다　お揃いになる

▷ 「お+動詞連用+になる」의 형태로 높임말(主語尊敬)의 동사가 된다.

몸이 안 좋음　体調不良

몸이 안 좋아지다　体調を崩す

3

동시통역으로 진행합니다

同時通訳(どうじつうやく)で行(おこな)われます

기본 표현

1 오늘 회의는 동시통역으로 진행합니다.
本日(ほんじつ)の会議(かいぎ)は同時通訳(どうじつうやく)で行(おこな)われます。

2 자리에 있는 통역 수신기를 이용해주십시오.
お手元(てもと)の通訳(つうやく)レシーバーをご利用(りよう)ください。

3 한국어는 채널 1번, 일본어는 채널 2번입니다.
韓国語(かんこくご)はチャンネル1番(ばん)、日本語(にほんご)はチャンネル2番(ばん)でございます。

응용 표현 1

1 오늘 회의는 동시통역으로 진행합니다. 자리에 있는 통역 수신기를 이용해 주십시오.

本日(ほんじつ)の会議(かいぎ)は同時通訳(どうじつうやく)で行(おこな)われます。お手元(てもと)の通訳(つうやく)レシーバーをご利用(りよう)ください。

2 한국어는 채널 1번, 일본어는 채널 2번이오니 확인해주시기 바랍니다.

韓国語(かんこくご)はチャンネル1番(ばん)、日本語(にほんご)はチャンネル2番(ばん)でございますので、お確(たし)かめください。

3 한국어로 들으실 경우는 채널 1번에, 일본어로 들으실 경우는 채널 2번에 맞춰주시기 바랍니다.

韓国語(かんこくご)でお聞(き)きになる場合(ばあい)はチャンネル1番(ばん)に、日本語(にほんご)でお聞(き)きになる場合(ばあい)はチャンネル2番(ばん)にお合(あ)わせください。

4 본 세션은 동시통역으로 들으실 수 있습니다.

本(ほん)セッションは同時通訳(どうじつうやく)にてお聞(き)きいただけます。

응용 표현 2

1 여러분 자리에 동시통역 수신기를 준비해두었습니다.

お手元(てもと)に同時通訳(どうじつうやく)レシーバーをご用意(ようい)しております。

2 소리는 다이얼로 조정해주십시오.

ボリュームはダイヤルで調整(ちょうせい)してください。

3 수신기 상태는 어떻습니까? 통역 수신기에 문제가 있는 분은 손을 들어주시기 바랍니다(손을 들어 알려주시기 바랍니다).

レシーバーの方(ほう)の調子(ちょうし)はいかがでしょうか。レシーバーに問題(もんだい)のある方(かた)はお手(て)を挙(あ)げてください（お手(て)を挙(あ)げてお知(し)らせください）。

4 수신기는 회의 종료 후 반드시 테이블 위에 놓고 가시기 바랍니다.

レシーバーは会議(かいぎ)終了(しゅうりょう)の際(さい)、必(かなら)ずテーブルの上(うえ)においていただきますようお願(ねが)い申(もう)し上(あ)げます。

5 사용하신 통역 수신기는 좌석에 그대로 두고 나가시면 됩니다.

お使(つか)いになった通訳(つうやく)レシーバーは、お座席(ざせき)にそのままお置(お)きになってご退席(たいせき)ください。

6 사용하신 수신기는 반드시 돌려주시기 바랍니다.

お使(つか)いになったレシーバーは、必(かなら)ずご返却(へんきゃく)くださいますようお願(ねが)い申(もう)し上(あ)げます。

7 번거로우시겠지만 통역 수신기는 나가시면서 직원에게 주시기 바랍니다.

お手数(てすう)ですが、通訳(つうやく)レシーバーはお出口(でぐち)にてスタッフにお渡(わた)しくださいますようお願(ねが)い申(もう)し上(あ)げます。

8 수신기는 회수하겠사오니 출구 쪽에서 담당 직원에게 주시기 바랍니다.

レシーバーは回収いたしますので、出口のところで係の者にお渡しくださいますようお願い申し上げます。

9 의문 사항이 있는 분은 근처 직원에게 말씀해주시기 바랍니다.
ご不明な点がございましたら、お近くのスタッフにお申し付けください。

TIPS

「〜ていただきたいと思います」와 「〜ていただきますようお願い申し上げます」

무엇을 부탁하거나 의뢰할 때 「〜てください」 외에 이 두 가지 표현을 많이 사용한다. 후자인 「〜ていただきますようお願い申し上げます」의 표현에는 말하는 이의 희망 사항과 상대방을 배려하는 마음이 모두 담겨 있으므로 가능하면 이 표현을 쓰도록 하자.

통역 분류

통역 방식별 분류

동시 통역　同時通訳
순차 통역　逐次通訳
수행 통역　随行通訳（アテンド通訳）
위스퍼링 통역　ウィスパリング通訳

통역 상황별 분류

회의 통역　コンファレンス通訳
방송 통역　放送通訳
커뮤니티 통역　コミュニティー通訳
† 사법 통역 司法通訳(법정 통역 法定通訳 등이 포함됨), 의료 통역 医療通訳、교육 통역 教育通訳、수화 통역 手話通訳 등이 있다.

단어 및 표현

통역 수신기　通訳(つうやく)レシーバー、レシーバー

듣다　聞(き)く

▷ 들으시다　お聞(き)きになる

「お+動詞連用+になる」의 형태를 취하여 상대방의 동작 등을 높여서 이른다.

맞추다　合(あ)わせる

준비하다　用意(ようい)する

두다　置(お)く

▷ 두시다　お置(お)きになる

수고, 성가심　手数(てすう)

▷ 번거로우시겠지만, 수고스럽겠지만　お手数(てすう)ですが

손을 들다　手(て)を挙(あ)げる

거수　挙手(きょしゅ)

4

휴대전화는 꺼주시기 바랍니다

けいたいでんわ　でんげん　き
携帯電話は電源をお切りください

기본 표현

1 휴대전화는 전원을 꺼주십시오.
けいたいでんわ　でんげん　き
携帯電話は電源をお切りください。

2 휴대전화는 전원을 꺼주십시오.
けいたいでんわ　でんげん
携帯電話は電源をオフにしてください。

3 휴대전화는 진동으로 해주십시오.
けいたいでんわ
携帯電話はマナーモードにしてください。

응용 표현 1

1 회의장 안에서는 휴대전화의 전원을 꺼주십시오.

会場内(かいじょうない)では携帯電話(けいたいでんわ)の電源(でんげん)をお切(き)りください。

2 휴대전화를 소지하신 분은 전원을 꺼주십시오.

携帯電話(けいたいでんわ)をお持(も)ちの方(かた)は電源(でんげん)をオフにしてください。

3 휴대전화는 진동으로 설정하시고 통화는 삼가주시기 바랍니다.

携帯電話(けいたいでんわ)はマナーモードに設定(せってい)のうえ、通話(つうわ)はご遠慮(えんりょ)ください。

4 휴대전화는 진동으로 하거나 전원을 꺼주시기 바랍니다.

携帯電話(けいたいでんわ)はマナーモードにするか、電源(でんげん)をお切(き)りください。

5 휴대전화는 전원을 꺼주시거나 진동으로 설정해주시기 바랍니다.

携帯電話(けいたいでんわ)は電源(でんげん)をお切(き)りいただくか、マナーモードに設定(せってい)してください。

응용 표현 2

1 행사장 안에서 휴대전화 사용은 금지돼 있으니 반드시 전원을 꺼주시기 바랍니다.

会場内(かいじょうない)での携帯電話(けいたいでんわ)の使用(しよう)は禁止(きんし)されておりますので、必(かなら)ず電源(でんげん)をお切(き)りください。

2 휴대전화를 소지하신 분은 진행에 방해가 되지 않도록 전원을 꺼주시기 바랍니다.

携帯電話(けいたいでんわ)をお持(も)ちの方(かた)は進行(しんこう)の妨(さまた)げにならないよう、電源(でんげん)をオフにしてください。

3 휴대전화 사용은 강연에 방해가 되므로 진동으로 하거나 전원을 꺼주시기 바랍니다.

携帯電話(けいたいでんわ)の使用(しよう)は講演(こうえん)の妨(さまた)げになりますので、マナーモードにするか、電源(でんげん)をお切(き)りください。

4 회의장 안에서의 휴대전화 사용은 다른 분에게 피해를 주므로 전원을 꺼주시거나 진동으로 바꿔주시기 바랍니다.

会場内(かいじょうない)での携帯電話(けいたいでんわ)のご利用(りよう)は、他(ほか)の方(かた)のご迷惑(めいわく)となりますので、電源(でんげん)をお切(き)りになるか、マナーモードへお切(き)り替(か)えください。

응용 표현 3

1 회의장 안에서의 사진 촬영은 금지돼 있으니 양해해주시기 바랍니다.

会場内(かいじょうない)での写真撮影(しゃしんさつえい)は禁止(きんし)されておりますのでご了承(りょうしょう)ください。

2 회의장 내에서의 사진 촬영은 엄격하게 금지하고 있습니다.

会場内(かいじょうない)での写真撮影(しゃしんさつえい)は固(かた)くお断(ことわ)り申(もう)し上(あ)げます。

3 기자 분들의 취재는 여기까지만 허용하겠습니다. 이만 퇴장해주시기 바랍니다.

記者(きしゃ)の方々(かたがた)の取材(しゅざい)はここまでとさせていただきます。ご退出(たいしゅつ)ください。

4 관계자 이외의 비디오 촬영은 금지돼 있습니다. 양해해주시기 바랍니다.

関係者以外(かんけいしゃいがい)のビデオ撮影(さつえい)は禁止(きんし)となっております。ご了承(りょうしょう)ください。

5 회의장 안으로 음식을 반입하는 행위는 삼가주시기 바랍니다.

会場内(かいじょうない)への飲食(いんしょく)の持込(もちこみ)はご遠慮(えんりょ)ください。

6 내빈 여러분께 부탁 말씀 드립니다. 회의장 안에서 흡연은 삼가주시기 바랍니다(자제해주시기 바랍니다). 흡연은 지정 장소에서 해주시기 바랍니다.

ご来場(らいじょう)の皆(みな)さまにお願(ねが)い申(もう)し上(あ)げます。会場内(かいじょうない)での喫煙(きつえん)はご遠慮(えんりょ)ください（お控(ひか)えください）。喫煙(きつえん)は、指定(してい)の場所(ばしょ)でお願(ねが)いいたします。

7 회의장은 금연 구역입니다. 복도 끝에 흡연 장소가 마련돼 있으니 담배를 피우시는 분은 그쪽을 이용해주시기 바랍니다.

会場内(かいじょうない)は禁煙(きんえん)となっております。廊下(ろうか)の奥(おく)の方(ほう)に喫煙(きつえん)コーナーがございますので、おタバコをお吸(す)いの方(かた)はそちらをご利用(りよう)ください。

단어 및 표현

전원을 끄다	電源(でんげん)を切(き)る、電源(でんげん)をオフにする
진동으로 하다	マナーモードにする
방해가 되다	妨(さまた)げになる
바꾸다	切(き)り替(か)える
양해하다, 이해하다	了承(りょうしょう)する、了解(りょうかい)する
반입하다, 들여오다	持(も)ち込(こ)む
사절하다, 거절하다	断(ことわ)る
삼가다	遠慮(えんりょ)する ▷ 삼가주시기 바랍니다　ご遠慮(えんりょ)ください
자제하다	控(ひか)える ▷ 자제해주시기 바랍니다　お控(ひか)えください
흡연 장소	喫煙(きつえん)コーナー

5

입장하시겠습니다/퇴장하시겠습니다

入場(にゅうじょう)されます/退席(たいせき)されます

기본 표현

1 대표께서 입장하시겠습니다.
代表(だいひょう)が入場(にゅうじょう)されます。

2 회장님께서 입장하시겠습니다.
会長(かいちょう)にご入場(にゅうじょう)いただきます。

3 선생님을 모시겠습니다.
先生(せんせい)をお迎(むか)えいたします。

4 두 분께서 나와주시겠습니다.
お二人(ふたり)に登場(とうじょう)していただきます。

5 장관님께서는 이만 퇴장하시겠습니다.
長官(ちょうかん)はこれより退席(たいせき)されます。

응용 표현 1

1 대표께서 입장하십니다. 여러분, 박수로 맞이해주십시오.
代表が入場されます。皆さま、拍手でお迎えください。

2 회장님께서 입장하시겠습니다. 성대한 박수로 맞이해주십시오.
会長にご入場いただきます。盛大な拍手でお迎えください。

3 선생님을 모시겠습니다. 여러분, 성대한 박수를 보내주시기 바랍니다.
先生をお迎えいたします。皆さま、盛大な拍手をお送りください。

4 그럼 두 분께서 나오시겠습니다. 여러분, 큰 박수로 맞이해주십시오.
それでは、お二人に登場していただきます。皆さま、大きな拍手でお迎えください。

5 장관님께서는 공무로 이만 퇴장하시겠습니다. 여러분, 일어서서 박수로 환송해주시기 바랍니다.
長官は、ご公務のためこれより退席されます。皆さま、ご起立の上、拍手でお見送りください。

응용 표현 2

1 회의장 정리를 위해 여러분들께서는 잠시 밖으로 나가주시기 바랍니다.

会場準備のため、皆さまには一旦ご退出をお願い申し上げます。

2 저는 다음 일정이 있어 이후의 사회는 시미즈 씨께 맡기고 이만 물러나겠습니다.

私は次の日程がございますので、後の司会は清水さんにお任せして退席いたします。

3 대단히 죄송합니다만 서기관께서는 다른 용무가 있어 이만 퇴장하시겠습니다. 널리 양해해주시기 바랍니다.

大変恐縮でございますが、書記官につきましては、他の所用のためここで退席させていただきますので、ご了解をお願い申し上げます。

4 대단히 죄송합니다만 저는 공무로 이만 물러가겠습니다. 오늘 저녁 열리는 만찬회에서 여러분을 뵙겠습니다.

大変恐縮ですが、私は公務のためここで退席いたします。本日、夕方に開催されます晩餐会には皆さま方をお待ち申し上げます。

5 도지사님께서는 공무로 이만 자리를 뜨시겠습니다. 오늘 저녁 열리는 환영회에는 다시 참석하실 수 있다고 하십니다.

道知事は、ご公務のためこれより席を離れます。本日、夕刻に開催されます歓迎会には再度ご出席いただけるとのことです。

단어 및 표현

입장하다	入場(にゅうじょう)する
	▷ 입장하십니다　入場(にゅうじょう)されます(ご入場(にゅうじょう)なさいます)
퇴장하다	退席(たいせき)する、退出(たいしゅつ)する、退場(たいじょう)する
	▷ 퇴장하십니다　退席(たいせき)されます(ご退席(たいせき)なさいます)
모시다(맞이하다)	迎(むか)える
박수를 보내다	拍手(はくしゅ)を送(おく)る
	▷ 박수로 맞이하다　拍手(はくしゅ)でお迎(むか)えする
환송하다	見送(みおく)る
공무	公務(こうむ)
볼일, 용무	所用(しょよう)
저녁	夕刻(ゆうこく)、夕方(ゆうがた)
환영회	歓迎会(かんげいかい)
자리를 뜨다	席(せき)を離(はな)れる

6

일어서주십시오

お立ちください

기본 표현

1 일어서주십시오./일어서주시기 바랍니다.

お立ちください。/お立ち願います。/お立ちくださいますようお願い申し上げます。

2 기립해주십시오./기립해주시기 바랍니다.

ご起立ください。/ご起立願います。/ご起立くださいますようお願い申し上げます。

3 앉아주십시오./앉아주시기 바랍니다./자리해주시기 바랍니다.

お座りください。/お座り願います。/お座りくださいますようお願い申し上げます。

4 착석해주십시오./착석해주시기 바랍니다.

ご着席ください。/ご着席願います。/ご着席くださいますようお願い申し上げます。

응용 표현 1

1 그 자리에서 일어서주십시오.

その場でお立ちください。

2 장내에 계신 여러분, 모두 일어서주시기 바랍니다.

会場の皆さま、ご起立ください。

3 비어 있는 좌석에 앉아주시기 바랍니다.

どうぞ、空いている席にお座りください。

4 앞으로 나와주시기 바랍니다.

前の方にお越しください。

5 죄송합니다만, 단상으로 나와주시기 바랍니다.

恐れ入りますが、壇上の方にお進みください。

6 무대(스테이지)로 올라와주시기 바랍니다.

ステージにお上がりください。

7 ○○께서 단상으로 올라와주시겠습니다.

○○さまにご登壇いただきます。

8 자리로 돌아가주시기 바랍니다.

席(せき)にお戻(もど)りください。

9 회의장으로 들어오시기 바랍니다.

会場(かいじょう)にお入(はい)りください。

10 회의장 로비로 와 주십시오.

会場(かいじょう)のロビーにお越(こ)しください。

응용 표현 2

1 호명된 분은 그 자리에서 일어서주시기 바랍니다.

お名前(なまえ)を呼(よ)ばれた方(かた)はその場(ば)でご起立(きりつ)ください。

2 잔을 들고 일어서주시기 바랍니다.

グラスをお持(も)ちになり、ご起立(きりつ)ください。

3 여러분, 잠시 자리에서 일어나주시기 바랍니다.

皆(みな)さまにはしばしお席(せき)をお立(た)ちいただきますようお願(ねが)い申(もう)し上(あ)げます。

4 직원이 차례로 이름을 부를 테니 앉아서 기다려주십시오.

スタッフが順次(じゅんじ)、お名前(なまえ)をお呼(よ)びしますので座(すわ)ってお待(ま)ちください。

5 지금부터 호명하는 분은 번호표를 지참하시고 안내 데스크로 와주시기 바랍니다.

ただいまよりお呼びする方は、番号表を持参の上、受付の方へお越しください。

6 모든 좌석은 지정석입니다. 다시 한번 확인하시고 자리에 앉아주시기 바랍니다.

お席は全席指定となっております。今一度ご確認の上、ご着席くださいますようお願い申し上げます。

7 회의장 입구 게시판에 있는 좌석표를 확인하신 후 착석해주시기 바랍니다.

会場入口掲示の座席表にてご確認のうえ、ご着席ください。

TIPS

「お立ちください」와 「お立ち願います」

두 표현 모두 문제는 없으나 「お立ち願います」는 자칫 상대방에게 고자세의 느낌을 줄 수 있다. 국가원수와 같은 고관을 맞이하는 특별한 경우를 제외하고는 가급적 「お立ち(ご起立、お座り、ご着席)ください」 또는 「お立ち(ご起立、お座り、ご着席)くださいますようお願い申し上げます」를 사용하도록 하자.

단어 및 표현

단상　壇上(だんじょう)

▶ 단상으로 올라오시다　ご登壇(とうだん)いただく

무대　ステージ

돌아가다　戻(もど)る

호명하다　名前(なまえ)を呼(よ)ぶ

▶ 호명되다　名前(なまえ)を呼(よ)ばれる

손에 들다　持(も)つ

잠시　しばし

차례로　順次(じゅんじ)

지정석　指定席(していせき)

7

사회를 맡았습니다

司会(しかい)を務(つと)めます

기본 표현

1 오늘 사회를 맡은 이경미입니다.

本日(ほんじつ)、司会(しかい)を務(つと)める李(イ) 京(キョン) 美(ミ)でございます。

2 사회를 담당할 사가야마 미나코입니다. 잘 부탁드립니다.

司会(しかい)を担当(たんとう)します嵯峨山(さがやま)みな子(こ)です。よろしくお願(ねが)いします。

3 간담회의 진행을 맡은 이은용입니다.

懇談会(こんだんかい)の進行役(しんこうやく)を務(つと)めます李恩鏞(イウンヨン)でございます。

응용 표현 1

1 건설협회의 박대식입니다. 오늘 사회를 보게 되었습니다.

建設協会の朴大植でございます。本日の司会を務めさせていただきます。

2 오늘 사회를 담당할 저는 규슈 상공회의소의 기무라입니다.

本日の司会を担当いたします私は、九州商工会議所の木村でございます。

3 오늘 간담회에서 진행을 맡은 다나카입니다. 잘 부탁드립니다.

本日の懇談会において進行役を務める田中と申します。よろしくお願い申し上げます。

응용 표현 2

1 지금부터는 사무국장께 진행을 부탁드리겠습니다. 잘 부탁드립니다.

ここからは事務局長に進行をお願いしたいと思います。よろしくお願いします。

2 이 세션의 사회는 이주영 씨께서 맡아주시겠습니다. 잘 부탁드립니다.

このセッションの司会は李柱栄さんにお務めいただきます。よろしくお願いします。

3 의장이 공석이라 의장이 정해질 때까지 사무국이 좌장을 맡게 됩니다.

議長が空席のため、議長が決まるまで事務局が座長を務めます。

4 본 위원회의 운영 규정에 따라 의장직을 일본 측 수석대표께 부탁드리고 싶은데 괜찮으십니까?

本委員会の運営規定に従い、議長を日本側首席代表にお願いしたいと思いますが、よろしいでしょうか。

5 이번 회의는 한국에서 개최되므로 한국 측이 진행을 맡도록 하겠습니다. 앞으로의 진행과 관련하여 많은 협조 부탁드립니다. 그럼 우선 개회에 앞서 진행 방식에 대해 설명드리겠습니다.

今回は韓国での開催ですので、韓国側が進行を務めさせていただきます。これからの進行についてよろしくご協力の程お願い申し上げます。それではまず、開会に先立ちまして、進め方についてご説明申し上げます。

6 조금이나마 도움이 되었으면 하는 마음에서 큰 역할을 맡게 되었습니다.

少しでもお役にたてることがございましたらと考えまして、大役をお引き受けしました。

7 아무래도 서투릅니다. 회의가 원활하게 진행될 수 있도록 여러분의 협조를 부탁드립니다.

なにぶん不慣れでございます。会合がスムーズに進みますよう、皆さまにはご協力のほどよろしくお願い申し上げます。

TIPS

私(わたくし)、私(わたし)

공적인 석상에서는 「私(わたし)」보다는 격식을 차린 「私(わたくし)」라는 표현을 사용하는 것이 좋다.

단어 및 표현

보다, 맡다	務(つと)める、担当(たんとう)する、引(ひ)き受(う)ける
도움이 되다	役(やく)に立(た)つ
큰 역할, 대역	大役(たいやく)
서툴다	不慣(ふな)れ

8

참석자를 소개합니다

出席者(しゅっせきしゃ)をご紹介(しょうかい)いたします

기본 표현

1 오늘의 참석자를 소개합니다.

本日(ほんじつ)の出席者(しゅっせきしゃ)をご紹介(しょうかい)いたします。

2 우선 한국 측 참석자부터 소개해드리겠습니다.

まず、韓国側(かんこくがわ)の出席者(しゅっせきしゃ)からご紹介(しょうかい)いたします。

3 이어서 일본 측 참석자를 소개해드리겠습니다.

続(つづ)きまして、日本側(にほんがわ)の出席者(しゅっせきしゃ)をご紹介(しょうかい)いたします。

4 이상으로 소개를 마치겠습니다.

以上(いじょう)で紹介(しょうかい)を終(お)わります。

응용 표현 1

1 토론에 들어가기 전에 오늘의 참석자를 소개해드리겠습니다.

討論に入る前に、本日の出席者をご紹介いたします。

2 의견 교환에 들어가기 전에 제가 한국 측 참석자를 소개해드리겠습니다.

意見交換に入る前に、私から韓国側の出席者をご紹介いたします。

3 양국의 수석대표께서 대표단을 소개해주시겠습니다. 먼저 한국 측 수석대표께 소개 부탁드립니다.

両国の首席代表から代表団を紹介していただきます。まず、韓国側首席代表からお願いします。

4 이름 순서에 따라 소개해 드리겠습니다. 히라가나순으로 소개해드리겠습니다.

名前の順に従ってご紹介します。五十音順にご紹介します。

5 순서 없이 소개해드리겠습니다.

順不同でご紹介いたします。

6 경칭은 생략하겠습니다.

敬称は省略いたします。

응용 표현 2

1 박수는 참석자 소개가 모두 끝난 후에 한꺼번에 부탁드리겠습니다.

拍手は出席者のご紹介が全部終わってからまとめてお願いいたします。

2 한국 측 참석자를 소개해드리겠습니다. 여러분이 보시기에 중앙 좌측부터 이영식 전무이사님입니다.

韓国側の出席者をご紹介いたします。皆さんから向かって中央左側から、専務理事の李栄植さんでございます。

3 오늘 이 자리에는 생보협회 부회장님께서 참석해주셨습니다.

本日この席には生保協会の副会長にご出席いただいております。

4 회의에 앞서 오늘 참석하신 상공회의소 여러분들을 소개해드리겠습니다. 배포해드린 자료에 참석자 명단을 첨부해두었으므로 명단 순서에 따라 소개해드리겠습니다.

会議に先立ち、本日ご出席の商工会議所の皆さま方をご紹介いたします。お手元に配布した資料に出席者名簿をおつけしておりますので、名簿の順番に従ってご紹介いたします。

5 원래는 회원 한 분씩 소개해드려야 하는데 시간이 매우 제한돼 있으므로 소개는 생략하고 참석자 명단으로 소개를 대신하겠습니다. 대단히 죄송합니다.

本来であれば会員の方々のご紹介をしなければならないところでありますが、非常に限られた時間でございますので、ご紹介は割愛しまして、参加者名簿をもって紹介に代えさせていただきます。誠に申し訳ございません。

6 참석자 분들의 면면을 보시면 아시겠지만 각계를 대표하는 쟁쟁한 분들이십니다.

出席者の顔ぶれを見ていただければおわかりのとおり、各界を代表される錚々たる皆様方です。

TIPS

소개 방법

자기소개나 남을 소개할 때 우리나라에서는 일반적으로 이름 뒤에 직함(또는 직업)을 붙여 소개하지만 일본에서는 직함을 생략하거나 이름 앞에 붙여 소개한다. 직함을 모를 때는 일본에서는 이름 뒤에 「さん」을 붙이고(직함을 알더라도 대부분 「さん」을 붙임), 한국에서는 흔히 '선생님' 또는 '님'을 붙인다. 회의에 들어가기 전에 참석자 리스트를 반드시 챙겨 실수하는 일이 없도록 하자.

和語와 漢語

공식석상에서는 '和語(일본어)'보다는 '漢語(한어)'를 사용해야 하는 경우가 많다. 가령, 「今日」와 같은 和語는 친근감을 주면서 사적인 뉘앙스를 주는 데 비해 「本日」와 같은 漢語는 공적인 뉘앙스가 강하다. 이밖에 「夕方」→「夕刻」、「明日」→「明日」、「昨日」→「昨日」、「明後日」→「明後日」、「一昨日」→「一昨日」、「来年」→「明年」、「去年」→「昨年」과 같은 것들이 있다.

회의의 규모나 격식의 정도에 따라 적절하게 구별하여 사용하자.

단어 및 표현

순서 없이　順不同

경칭　敬称

명단　名簿

▷ 명단을 첨부하다　名簿をつける

순서에 따라　順番に従って、順に従って

한꺼번에　まとめて

참석하다　出席する

▷ '○○씨께서 참석해주셨습니다'는 「○○様が出席されております」, 「○○様にご出席いただいております」, 「○○様がご出席なさっています」 등과 같이 표현할 수 있다.

히라가나순　五十音順

대신하다　代える

면면　顔ぶれ

쟁쟁한　錚々たる

인사 말씀이 있겠습니다

ご挨拶(あいさつ)がございます

기본 표현

1 한국 측 대표의 인사 말씀이 있겠습니다.
韓国側代表(かんこくがわだいひょう)よりご挨拶(あいさつ)がございます。

2 이어서 일본 측 대표의 인사 말씀이 있겠습니다.
続(つづ)きまして、日本側代表(にほんがわだいひょう)よりご挨拶(あいさつ)がございます。

3 조사단을 대표하여 단장께서 인사를 드리겠습니다.
調査団(ちょうさだん)を代表(だいひょう)しまして、団長(だんちょう)がご挨拶(あいさつ)いたします。

4 주최 측에서 인사 말씀을 드리겠습니다.
主催者(しゅさいしゃ)よりご挨拶申(あいさつもう)し上(あ)げます。

응용 표현 1

1 먼저 한국 측 대표의 인사 말씀이 있겠습니다.

最初に、韓国側代表よりご挨拶がございます。

2 감사합니다. 이어서 일본 측 대표의 인사 말씀을 듣겠습니다.

ありがとうございます。続きまして日本側代表からご挨拶をいただきます。

3 개회에 즈음하여 조사단을 대표하여 한마디 인사 말씀을 드리겠습니다.

開会に際しまして、調査団を代表して一言ご挨拶を申し上げます。

4 폐회에 즈음하여 주최 측에서 인사 말씀을 드리겠습니다.

閉会にあたりまして、主催者よりご挨拶申し上げます。

5 국장님께 개회 인사를 부탁드리겠습니다.

局長に開会のご挨拶をお願いします。

응용 표현 2

1 대통령의 축사를 듣도록 하겠습니다.

大統領よりご祝辞を賜りたいと存じます。

2 총리대신의 축사를 듣도록 하겠습니다.

総理大臣(そうりだいじん)よりご祝辞(しゅくじ)を頂戴(ちょうだい)いたします。

3 계속해서 재단 이사장님의 축하 인사 말씀을 듣겠습니다.

続(つづ)きまして、財団(ざいだん)の理事長(りじちょう)よりお祝(いわ)いの言葉(ことば)をいただきます。

4 대통령을 대신하여 외무장관께서 대독해주시겠습니다.

大統領(だいとうりょう)に代(か)わりまして、外務長官(がいむちょうかん)に代読(だいどく)していただきます。

5 이사장님의 메시지가 도착했으므로 사무국장이 대독하겠습니다.

理事長(りじちょう)からのメッセージが届(とど)いておりますので、事務局長(じむきょくちょう)より代読(だいどく)いたします。

6 오늘은 대신(장관)께서 인사를 드릴 예정이었습니다만 공무로 이 자리에 참석할 수 없게 되었습니다. 따라서 제가 인사 말씀을 대독하겠습니다.

本日(ほんじつ)は、大臣(だいじん)よりご挨拶(あいさつ)させていただく予定(よてい)でございましたが、公務(こうむ)のためこの会場(かいじょう)に参(まい)ることができなくなりました。そのため、私(わたくし)が挨拶(あいさつ)を代読(だいどく)いたします。

7 원래 이 자리에서는 김지민 국장이 인사를 드려야 합니다만 갑자기 국회에 참석할 일이 생겨 제가 대신 인사를 드리겠습니다.

本来(ほんらい)であれば局長(きょくちょう)の金智民(キムジミン)の方(ほう)からご挨拶申(あいさつもう)し上(あ)げるところですが、急遽(きゅうきょ)国会(こっかい)に行(い)かなければならなくなりましたので、私(わたくし)が代(か)わりにご挨拶申(あいさつもう)し上(あ)げます。

8 인사가 늦었습니다만 저는 여러분을 안내해드릴 도이입니다. 잘 부탁드립니다.

申し遅れましたが、私は皆さまをご案内いたします、土井でございます。よろしくお願いします。

TIPS

인사	挨拶、ご挨拶
개회 인사, 개회사	開会のご挨拶、開会の辞
폐회 인사, 폐회사	閉会のご挨拶、閉会の辞
축사	祝辞、お祝いのお言葉
만찬사	晩餐会のご挨拶、晩餐の辞
건배사	乾杯のご挨拶

단어 및 표현

대신	代わりに
대독하다	代読する
	▷ (내가) 대독하겠습니다 代読します、代読いたします。 (○○○께서) 대독해주시겠습니다 (○○○に)代読していただきます。
메시지가 도착하다	メッセージが届く
급히, 서둘러	急遽

10

소개받은 ○○○입니다

ご紹介(しょうかい)いただきました○○○でございます

기본 표현

1 지금 소개받은 배승주입니다.
ただいまご紹介(しょうかい)いただきました裵承周(ペスンジュ)でございます。

2 방금 소개받은 스기야마 나오미입니다.
ただいまご紹介(しょうかい)にあずかりました杉山直美(すぎやまなおみ)と申(もう)します。

3 지금 소개받은 마에다입니다.
ただいまご紹介(しょうかい)を賜(たまわ)りました前田(まえだ)でございます。

응용 표현 1

1 지금 소개받은 철강협회의 박유자 전무이사입니다.

ただいまご紹介(しょうかい)いただきました鉄鋼協会専務理事(てっこうきょうかいせんむりじ)の朴裕子(パクユジャ)と申(もう)します。

2 지금 소개받은 일본 경단련의 오타입니다.

ただいまご紹介(しょうかい)にあずかりました日本経団連(にっぽんけいだんれん)の太田(おおた)でございます。

3 지금 소개받은 일본 경제산업성의 마에다입니다. 잘 부탁드립니다.

ただいまご紹介(しょうかい)を賜(たまわ)りました経済産業省(けいざいさんぎょうしょう)の前田(まえだ)でございます。よろしくお願(ねが)いいたします。

응용 표현 2

1 사회자께서 매우 친절하게 소개해주셔서 감사합니다.

司会者(しかいしゃ)から大変(たいへん)ご丁寧(ていねい)にご紹介(しょうかい)いただきまして、ありがとうございました。

2 지금 사회자께서 제 소개를 해주셨는데 한 가지 정정해야 할 사항이 있습니다.

いま司会者(しかいしゃ)からご紹介(しょうかい)をいただきましたが、一(ひと)つ訂正(ていせい)することがございます。

3 소개받은 기무라입니다. 작년에 이어 여러분을 다시 만나 뵙게 되어 매우 기쁩니다.

ご紹介いただきました木村でございます。昨年に引き続き再び皆さまとお会いできまして、大変嬉しく存じます。

4 소개받은 아오키입니다. 교통 상황이 좋지 못해 5분 정도 늦어진 점을 사과드립니다.

ご紹介賜りました青木でございます。交通事情の関係で５分ほど遅れましたことをお詫び申し上げます。

5 과분한 소개를 해주셔서 몸둘 바를 모르겠습니다.

身に余るご紹介をいただきまして、おはずかしい限りですが。

6 사회자로부터 과분한 소개를 받아 송구스럽습니다.

司会から身に余るご紹介を賜りまして、恐縮しております。

TIPS

ご紹介(しょうかい)をいただく、ご紹介(しょうかい)にあずかる、
ご紹介(しょうかい)を受(う)ける、ご紹介(しょうかい)を賜(たまわ)る

「ご紹介(しょうかい)をいただく、ご紹介(しょうかい)にあずかる」라는 표현은 공손의 정도가 비슷하면서 어떤 자리에서도 사용할 수 있는 무난한 표현이다. 반면, 「ご紹介(しょうかい)を受(う)ける」는 이들 표현보다는 공손도가 약간 떨어지고 「ご紹介(しょうかい)を賜(たまわ)る」는 매우 공손한 표현이다.

「です」와 「ございます」, 「思(おも)う」와 「存(ぞん)ずる」

「です」보다는 「ございます」가, 「思(おも)う」보다는 「存(ぞん)ずる」가 공손한 표현이다.

단어 및 표현

정정하다	訂正(ていせい)する
뵙다	お会(あ)いする、お目(め)にかかる
과분하다	身(み)に余(あま)る
부끄럽기 짝이 없다	はずかしい限(かぎ)りだ
황송하다, 송구스럽다	恐縮(きょうしゅく)する

11

바쁘신 중에 참석해주셔서 감사합니다

お忙(いそが)しい中(なか)、ご出席(しゅっせき)いただきましてありがとうございます

기본 표현

1 바쁘신 중에 참석해주셔서 감사합니다.
お忙(いそが)しい中(なか)、ご出席(しゅっせき)いただきましてありがとうございます。

2 바쁘신 가운데 참가해주셔서 감사합니다.
お忙(いそが)しいところ、ご参加(さんか)いただきましてありがとうございます。

3 바쁘신 중에 자리해주셔서 감사합니다.
ご多忙(たぼう)の中(なか)、お越(こ)しいただきましてありがとうございます。

4 바쁘신 가운데 모여주셔서 대단히 감사합니다.
ご多忙(たぼう)のところ、お集(あつ)まりいただきまして誠(まこと)にありがとうございました。

응용 표현 1

1 오늘 바쁘신 중에 이렇게 참석해주셔서 감사합니다.

本日(ほんじつ)はお忙(いそが)しい中(なか)、ご出席(しゅっせき)いただきましてありがとうございます。

2 바쁘신 가운데 이른 아침부터 세미나에 참가해주셔서 감사합니다.

お忙(いそが)しいところ、早朝(そうちょう)よりセミナーにご参加(さんか)いただきましてありがとうございます。

3 바쁘신 중에 어렵게 자리해주셔서 감사합니다.

ご多忙(たぼう)の中(なか)、わざわざお越(こ)しいただきまして誠(まこと)にありがとうございます。

4 바쁘신 가운데 많은 분들께서 모여주셔서 대단히 감사합니다.

ご多忙(たぼう)のところ、多数(たすう)の皆(みな)さまにお集(あつ)まりいただきまして誠(まこと)にありがとうございます。

5 바쁘신 중에 왕림해주셔서 대단히 감사합니다.

お忙(いそが)しい中(なか)、お出(で)ましいただきまして誠(まこと)にありがとうございます。

응용 표현 2

1 바쁘신 가운데 시간을 내주셔서 대단히 감사합니다.

お忙(いそが)しい中(なか)、時間(じかん)を割(さ)いていただき、誠(まこと)にありがとうございます。

2 여러분, 바쁘신 가운데 잘 오셨습니다.

皆(みな)さま、お忙(いそが)しい中(なか)、ようこそお越(こ)しくださいました。

3 이번에는 멀리서 많은 분들께서 참석해주셨습니다. 감사합니다.

この度(たび)はご遠方(えんぽう)より多数(たすう)の参加(さんか)をいただき、ありがとうございます。

4 먼 곳에서 일부러 이렇게 와주셔서 대단히 감사합니다.

遠(とお)いところからわざわざお越(こ)しいただき、誠(まこと)にありがとうございました。

5 여러분, 멀리서 오시느라 수고 많으셨습니다.

皆(みな)さま、遠(とお)くからお越(こ)しいただき、お疲(つか)れ様(さま)でございます。

6 바쁘신 가운데 발걸음을 해주셔서 대단히 감사합니다.

お忙(いそが)しい中(なか)をお運(はこ)びいただきまして、誠(まこと)にありがとうございます。

7 먼 곳에서 어려운 발걸음을 해주신 참석자 여러분들을 진심으로 환영합니다.

遠路(えんろ)はるばると足(あし)を運(はこ)んでくださいましたご列席(れっせき)の皆(みな)さまを心(こころ)から歓迎(かんげい)いたします。

8 바쁘신 가운데 어려운 발걸음을 해주신 정부 관계자 분들께 진심으로 감사 말씀 드립니다.

ご多端にも関わらずご足労いただきました政府関係者の方々に心から御礼申し上げます。

9 공무로 바쁘신 가운데 왕림해주신 대사님께 깊이 감사드립니다.

公務ご多忙のなか、ご臨席(ご光臨)賜りました大使に厚く御礼を申し上げます。

10 여장을 풀 겨를도 없이 회의장으로 와주신 최고 지도자 여러분들께 진심으로 감사 말씀 드립니다.

旅装を解く間もなく会 場にお越しくださいましたトップリーダーの皆さまに心から厚くお礼申し上げます。

TIPS

ご出 席いただく(お越しいただく)와 ご臨席 賜る(ご光臨 賜る)

'참석하시다'(자리하시다, 와주시다, 모이시다)의 뜻으로 「ご出 席いただく」、「お越しいただく」、「お集まりいただく」 등은 어떤 자리에도 어울리는 무난한 표현이다. 반면에, '왕림하다'와 비슷한 「ご臨席 賜る」、「ご光臨 賜る」와 같은 표현은 매우 정중한 표현이므로 정상급/고위급(고연령층) 회의를 비롯해 격식을 따지는 회의석상에서 사용하는 것이 적절하다. 마찬가지로 '○○께서 참석하셨습니다(와주셨습니다, 자리하셨습니다)'라는 표현도 「○○様が 出 席されております(○○にご出 席いただいております)」、「○○様がご出 席なさっています」、「○○様にお越しいただいております」가 일반적이고 「○○にご臨席(光臨)をいただいております」나 「○○にご臨席(光臨)を賜っております」는 매우 공손한 표현이다.

단어 및 표현

바쁘신 가운데 お忙(いそが)しい中(なか)、お忙(いそが)しいところ、ご多忙(たぼう)の中(なか)、ご多忙(たぼう)のところ

▷ 매우 바쁨　多忙(たぼう)、多端(たたん)
공무로 바쁘신 가운데　公務(こうむ)ご多忙(たぼう)の中(なか)

국립국어원에서는 '공사다망'이라는 어휘를 순화의 대상으로 규정하고 가능하면 '바쁘신 중에'라는 순화된 용어를 사용하도록 권장하고 있다.

멀리 遠(とお)くより、遠(とお)いところから、遠方(えんぽう)から(より)、遠路(えんろ)はるばる、はるばる

(어려운, 힘든, 수고스러운) 발걸음 ご足労(そくろう)

▷ 발걸음을 해주시다　ご足労(そくろう)をいただく, 足(あし)を運(はこ)ぶ
어려운 발걸음을 해주시다　ご足労(そくろう)をわずらわす
「お出(で)まし」는 '참석하다'의 높임말

이른 아침 早朝(そうちょう)

일부러 わざわざ

시간을 내다 時間(じかん)を割(さ)く

여장을 풀다 旅装(りょそう)を解(と)く

▷ 여장을 풀 겨를도 없다　旅装(りょそう)を解(と)く間(ま)もない

12

궂은 날씨에도

お足元(あしもと)の悪(わる)い中(なか)

기본 표현

1 궂은 날씨에도 참석해주셔서 감사합니다.

お足元(あしもと)の悪(わる)い中(なか)、ご出席(しゅっせき)いただきましてありがとうございます。

2 오늘 이런 악천후 속에서도 자리해주셔서 감사합니다.

本日(ほんじつ)は悪天候(あくてんこう)の中(なか)、お越(こ)しいただき、ありがとうございます。

3 궂은 날씨에도 불구하고 자리해주셔서 감사합니다.

お足元(あしもと)の悪(わる)いところ、お集(あつ)まりいただきましてありがとうございました。

응용 표현 1

1 오늘 이런 궂은 날씨에도 많은 분들께서 참석해주셔서 감사합니다.

本日(ほんじつ)はお足元(あしもと)の悪(わる)い中(なか)、大勢(おおぜい)の方々(かたがた)にご出席(しゅっせき)いただきましてありがとうございます。

2 오늘 이런 악천후 속에서도 많은 분들께서 자리해주셔서 진심으로 감사드립니다.

本日(ほんじつ)は悪天候(あくてんこう)の中(なか)、多数(たすう)お越(こ)しいただき、心(こころ)から感謝(かんしゃ)いたします。

3 장마가 시작되어 궂은 날씨 속에서도 이렇게 자리해주셔서 감사합니다.

梅雨入(つゆい)りでお足元(あしもと)の悪(わる)い中(なか)、お集(あつ)まりいただきましてありがとうございました。

응용 표현 2

1 오늘은 좋은 날씨 덕분에 많은 분들께서 자리해주셨습니다.

本日(ほんじつ)は晴天(せいてん)に恵(めぐ)まれて、多(おお)くの方々(かたがた)にお越(こ)しいただいております。

2 공교롭게 비가 오는 가운데도 많은 분들께서 참석해주셔서 감사합니다.

本日(ほんじつ)はあいにくの雨(あめ)の中(なか)、大勢(おおぜい)の方々(かたがた)にお越(こ)しいただきましてありがとうございます。

3 공교롭게 날씨도 좋지 않은 가운데 멀리서 와주신 여러분, 정말 감사합니다.

あいにくのお天気にもかかわらず、遠路はるばるお越しいただきました皆さま、本当にありがとうございました。

4 매우 쌀쌀해진 날씨에도 불구하고 참가해주셔서 대단히 감사합니다.

大変冷え込みます中、ご参加いただきまして誠にありがとうございました。

5 연휴 첫날이라 길이 많이 막히는데도 이렇게 자리해주셔서 대단히 감사합니다.

連休初日ということもあり、渋滞に巻き込まれながらもお越しいただきまして、誠にありがとうございました。

6 12월도 얼마 남지 않아 여러모로 바쁘신 가운데도 멀리서 와주신 여러분께 깊이 감사드립니다.

12月も残すところあと僅かとなり、何かとお忙しい中、遠路はるばるお越しいただきました皆さまに厚く御礼申し上げます。

7 어젯밤까지 세차게 쏟아졌던 비가 그치고 마치 우리 세미나를 축하라도 하듯 오늘은 하늘이 기분 좋게 개었습니다.

前夜まで大降りした雨も止み、まるで私どものセミナーをお祝いするかのように、本日は空が気持ちよく晴れわたっています。

계절 관련 표현들

• 만물이 소생하는 계절이 다가왔습니다.
万物(ばんぶつ)が蘇(よみがえ)る季節(きせつ)となりました。

• 꽃샘추위 때문인지 아직은 쌀쌀하게 느껴집니다.
花冷(はなび)えでしょうか、少(すこ)し肌寒(はださむ)く感(かん)じられます。

• 아침 저녁으로는 아직 쌀쌀합니다.
朝夕(あさゆう)はまだ冷(ひ)え込(こ)みますが。

• 신록의 향기가 상쾌한 계절이 되었습니다.
新緑(しんりょく)の香(かお)りがすがすがしい季節(きせつ)になりました。

• 6월에 접어들었다는 소리를 듣자마자 무더운 날씨가 계속되고 있습니다.
6月(がつ)の声(こえ)を聞(き)いたとたんに、蒸(む)し暑(あつ)い日々(ひび)が続(つづ)いております。

• 장마가 시작되어 찌푸린 날들이 계속되고 있습니다.
梅雨(つゆ)に入(はい)り、うっとうしい毎日(まいにち)が続(つづ)いています。

• 오랜 장마도 드디어 끝이 났습니다.
長(なが)かった梅雨(つゆ)もようやく明(あ)けました。

• 연일 무더운 날이 이어지고 있습니다.
連日(れんじつ)厳(きび)しい暑(あつ)さが続(つづ)いています。

• 입추가 지나 무더위도 이제 고비를 넘긴 것 같습니다.
立秋(りっしゅう)を過(す)ぎ、暑(あつ)さもようやく峠(とうげ)を越(こ)したようです。

- 천고마비의 계절이 되었습니다.
  天高(てんたか)く馬肥(うまこ)ゆる季節(きせつ)となりました。

- 아침 저녁으로 부쩍 쌀쌀해졌습니다.
  朝晩(あさばん)はめっきり寒(さむ)くなってまいりました。

- 연말이 되어 여러모로 바빠지게 되었습니다.
  年(とし)の暮(く)れを迎(むか)えて何(なに)かとあわただしくなりました。

- 1년 중 가장 바쁜 계절이 되었습니다.
  一年(いちねん)で最(もっと)もあわただしい季節(きせつ)になりました。

단어 및 표현

궂은 날씨에도	お足元(あしもと)の悪(わる)い中(なか) ▷「お足元(あしもと)の悪(わる)い中(なか)」라는 표현을 두고 최근 극소수이기는 하지만 차별용어로 오해하기 쉽다는 지적이 나오고 있다. 그러나 일본의 기자 핸드북(記者ハンドブック) 등을 보면 차별용어가 아닌 것으로 나와 있기 때문에 사용해도 문제는 없을 것이다
장마철로 접어듦	梅雨入(つゆい)り、入梅(にゅうばい)
많은 분들	多(おお)くの方々(かたがた)、大勢(おおぜい)の方々(かたがた)
청천(맑게 갠 날)	晴天(せいてん)
우천(비가 오는 날)	雨天(うてん)
공교롭게	あいにく
세차게 쏟아지다	大降(おおぶ)りする

13

초청해주셔서 감사합니다

お招(まね)きいただきましてありがとうございます

기본 표현

1 초청해주셔서 대단히 감사합니다.

お招(まね)きいただきまして、誠(まこと)にありがとうございます。

2 초대해주셔서 진심으로 감사드립니다.

ご招待(しょうたい)いただきまして、心(こころ)から感謝申(かんしゃもう)し上(あ)げます。

3 초청해주셔서 매우 영광스럽습니다.

お招(まね)きいただきまして、大変光栄(たいへんこうえい)に存(ぞん)じます。

4 초대해주신 데 대해 깊이 감사드립니다.

お招(まね)きいただきましたことに厚(あつ)くお礼申(れいもう)し上(あ)げます。

응용 표현 1

1 대사관 주최 조찬회에 초대해주셔서 대단히 감사합니다.

大使館主催の朝 食 会にお招きいただきまして、誠にありがとうございます。

2 오늘 이렇게 기념 축하회에 초대해주셔서 진심으로 감사드립니다.

この度は、記念 祝 賀会にご招 待いただきまして、心から感謝申し上げます。

3 경사스러운 자리에 초대해주셔서 매우 영광스럽습니다.

このめでたい席にお招きいただきまして、大変光栄に存じます。

4 오늘 이와 같이 훌륭한 회의에 초대해주셔서 깊이 감사드립니다.

本日はこのように素晴らしい会議にお招きいただきまして、厚くお礼申し上げます。

응용 표현 2

1 오늘 이렇게 관계 기관 여러분들을 직접 뵐 수 있는 기회를 얻게 되어 감사합니다.

本日はこのように関係機関の皆さまに直接お目にかかる機会をいただきまして、ありがとうございました。

2 오늘 신년회에 초청해주셔서 대단히 감사합니다. 감사 말씀 겸 축하 인사를 드리겠습니다.

本日は新年会にお招きいただきまして、大変ありがとうございます。お礼を兼ねて一言お祝いを申し上げたいと思います。

3 연차 총회 석상에 초대를 받아 여러분 앞에서 말씀드리게 된 것을 대단히 영광스럽게 생각합니다.

年次総会の席にお招きいただき、皆さまの前でお話申し上げることを大変光栄に存じます。

4 작년에도 이 모임에 초청을 받아 대선배님들을 뵙고 매우 행복하면서도 약간 긴장했던 기억이 있습니다.

昨年もこの集いにお招きいただきまして、大先輩にお目にかかることができまして大変幸せ、かつ、若干緊張いたした覚えがあります。

5 오늘은 일본과 중국에서 두 분의 선생님을 모셨습니다. 조금 후에 두 분의 말씀을 듣는 순서가 있겠습니다.

本日は日本と中国からお二人の先生をお招きしております。後ほどお二人にはお話しを伺うことになっております。

TIPS

「お目(め)にかかれまして」와 「お目(め)にかかることができまして」

공식석상에서는 이른바 가능동사(読(よ)める、書(か)ける、歩(ある)ける)보다는 「~することができる」와 같이 차분한 표현이 좋다. 가능동사는 구어체의 느낌을 줄 수 있기 때문이다.

단어 및 표현

조찬회	朝食会(ちょうしょくかい)
오찬회	昼食会(ちゅうしょくかい)、午餐会(ごさんかい)
만찬회	晩餐会(ばんさんかい)、夕食会(ゆうしょくかい)
환영 만찬회(리셉션)	歓迎晩餐会(かんげいばんさんかい)(レセプション)
네트워킹 리셉션	ネットワーキング・レセプション
간담회	懇談会(こんだんかい)
친목회	懇親会(こんしんかい)
초대하다, 초청하다	招(まね)く、招待(しょうたい)する
경사스럽다	めでたい
심정, 심경	心境(しんきょう)

14

기회를 주셔서 감사합니다

機会(きかい)を与(あた)えていただきましてありがとうございます

기본 표현

1 기회를 주셔서 대단히 감사합니다.
機会(きかい)を与(あた)えていただきまして、誠(まこと)にありがとうございます。

2 기회를 주셔서 감사합니다.
機会(きかい)を与(あた)えてくださいまして、ありがとうございます。

3 기회를 주셔서 감사합니다.
機会(きかい)をくださいまして、ありがとうございます。

4 기회를 얻게 되어 감사합니다.
機会(きかい)を得(え)まして、ありがとうございます。

응용 표현 1

1 이번에 발표할 수 있는 기회를 주셔서 대단히 감사합니다.

この度は、発表する機会を与えていただきまして、誠にありがとうございます。

2 이와 같이 훌륭한 기회를 주셔서 감사합니다.

このようなすばらしい機会を与えてくださいまして、ありがとうございます。

3 의견을 말씀드릴 수 있는 기회를 주셔서 감사합니다.

意見を述べる機会をくださいまして、ありがとうございます。

4 여러분 안녕하십니까? ○○○입니다. 오늘 이렇게 강사로서 말씀드릴 수 있는 기회를 얻게 되어 매우 영광스럽습니다.

皆様、こんにちは。○○○でございます。本日はこのように講師としてお話する機会を得まして、大変光栄に存じます。

5 이와 같은 기회를 주시고 또 따뜻하게 맞아주셔서 감사합니다.

このような機会をいただき、また温かく迎えてくださいましてありがとうございます。

응용 표현 2

1 여러분을 직접 뵐 수 있는 기회를 얻게 되어 매우 기쁘게 생각합니다.

皆さまに直接お目にかかる機会を頂戴しまして、大変嬉しく存じます。

2 지사님께 이와 같이 뜻깊은 기회를 마련해주신 데 대해 진심으로 감사드립니다.

知事にはこのように有意義な機会を設けていただき、心より感謝申し上げます。

3 협회 50주년이라는 기념할 만한 날에 말씀드릴 기회를 주신 관계자 여러분께 깊이 감사드립니다.

協会50周年という記念すべき日にお話できる機会を与えてくださった関係者の皆様方に厚くお礼を申し上げます。

4 이와 같은 자리를 마련해주셔서 감사합니다. 이를 계기로 아동 학대 문제에 관심을 갖는 분이 한 분이라도 더 계셨으면 좋겠습니다.

このような場をお与えくださいましてありがとうございます。これを機会に児童虐待問題に関心をお持ちくださる方が一人でもいらっしゃれば嬉しく思います。

5 보고드릴 수 있는 기회를 주셔서 감사합니다. 평소 현장에서 노동개혁을 추진하고 있는 입장에서 있는 그대로 숨김없이 말씀드리겠습니다.

報告の機会を与えていただきまして、ありがとうございます。日々、現場で労働改革に取り組んでいる立場で、ざっくばらんなお話をさせていただきたいと思います。

단어 및 표현

기회를 갖다	機会(きかい)を持(も)つ
기회를 얻다	機会(きかい)を得(え)る、機会(きかい)を頂戴(ちょうだい)する('얻다'의 겸사말)
기회를 주다	機会(きかい)を与(あた)える
기회를 마련하다	機会(きかい)を設(もう)ける
맞이하다	迎(むか)える
	▷ 따뜻하게 맞이하다 温(あたた)かく迎(むか)える
솔직하고 숨김없이	ざっくばらん(속어)

15

경의를 표합니다 (축하드립니다/기쁘게 생각합니다)

敬意(けいい)を表(ひょう)します(お祝(いわ)い申(もう)し上(あ)げます/ 嬉(うれ)しく思(おも)います)

기본 표현

1 여러분의 노고에 경의를 표합니다.
皆(みな)さまのご尽力(じんりょく)に敬意(けいい)を表(ひょう)します。

2 관계자들의 노력에 경의를 표합니다.
関係者(かんけいしゃ)のご努力(どりょく)に敬意(けいい)を表(ひょう)します。

3 대통령의 취임을 진심으로 축하드리는 바입니다.
大統領(だいとうりょう)のご就任(しゅうにん)を心(こころ)よりお祝(いわ)い申(もう)し上(あ)げます。

4 이 세미나가 성공리에 개최된 것을 기쁘게 생각합니다.
このセミナーが成功裏(せいこうり)に開催(かいさい)できましたことを嬉(うれ)しく思(おも)います。

응용 표현 1

1 여러분의 오랜 노고에 진심으로 경의를 표합니다.

皆さまの長年のご尽力に心から敬意を表します。

2 세미나 준비에 헌신적으로 노력하신 관계자 여러분께 깊이 경의를 표합니다.

セミナーの準備に献身的に努力された関係者の方々に深く敬意を表します。

3 명예회장님의 금탑산업훈장 수훈을 진심으로 축하드립니다.

名誉会長の金塔産業勲章の御受勲を心よりお喜び申し上げます。

4 이 회의가 관계자 여러분이 참석하신 가운데 성대하게 개최된 것을 기쁘게 생각합니다.

この会議が関係者の皆さまのご出席の下、盛大に開催されましたことを嬉しく思います。

응용 표현 2

1 세계 평화 실현을 위한 여러분들의 끊임없는 노력에 심심한 경의를 표합니다.

世界平和の実現に向けた皆さまのたゆみないご努力に深甚なる敬意を表します。

2 여러분들께서 오늘 회의에서 미래의 3국 협력 방안에 대해 각종 아이디어와 의견을 제시해주신 점에 깊은 경의를 표합니다.

皆様が本日の会議で将来の３国の協力のあり方について様々なアイデアやご意見を提示されたことに深い敬意を表したいと思います。

3 합동 총회가 요시다 위원장을 비롯한 관계자 여러분들이 참석하신 가운데 성대하게 개최된 것을 진심으로 축하드립니다.

合同総会が吉田委員長をはじめとする関係者の皆さまのご出席の下、盛大に開催されましたことに対し、心からお祝い申し上げます。

4 금년 4월에 이어 다시 만나 뵙게 되어 매우 기쁩니다.

本年４月に引き続いてお会いすることができ、大変嬉しく思います。

5 여러분들과 친밀하게 환담할 수 있게 된 것을 매우 기쁘게 생각합니다.

皆さまと親しく懇談できますことを大変嬉しく思います。

6 한일국민교류의 해라는 한일 교류에 있어서 역사적으로 기념할 만한 해에 이 회의가 열리게 된 것을 기쁘게 생각합니다.

日韓国民交流年という日韓交流にとって歴史的な節目の年に、このように素晴らしいシンポジウムが開かれますことを嬉しく思います。

7 양국을 대표하는 정보 기술 관계자들이 한자리에 모이는 이 세미나에서 인사 말씀 드릴 수 있게 되어 기쁩니다.

両国を代表する情報技術の関係者が一堂に会するこのセミナーでご挨拶申し上げることを喜ばしく思います。

TIPS

「節目(ふしめ)の年(とし)」

「節目(ふしめ)の年(とし)」 라는 표현은 어떤 구분이나 단락, 전기(転機) 등을 의미하는데 우리말로는 '중요한', '기념할 만한' 등으로 표현할 수 있다.

단어 및 표현

노고	尽力(じんりょく)
성공리	成功裏(せいこうり)
수훈	受勲(じゅくん)
심심한	深甚(しんじん)なる
감개무량	感慨無量(かんがいむりょう)、感無量(かんむりょう)、感慨深(かんがいぶか)い
한자리에 모이다	一堂(いちどう)に会(かい)する

16

발표가 있겠습니다

発表(はっぴょう)がございます

기본 표현

1 한국 측의 발표가 있겠습니다.
韓国側(かんこくがわ)から発表(はっぴょう)がございます。

2 먼저 위원님의 발표가 있겠습니다.
最初(さいしょ)に委員(いいん)の方(ほう)から発表(はっぴょう)がございます。

3 NPO에서 사례 발표를 해주시겠습니다.
ＮＰＯから事例発表(じれいはっぴょう)をしていただきます。

4 지금까지의 연구 성과에 대해 발표를 해주시겠습니다.
これまでの研究成果(けんきゅうせいか)について発表(はっぴょう)をしていただきます。

응용 표현 1

1 자세한 사항에 대해서는 한국 측이 발표하겠습니다.

詳細(しょうさい)につきましては韓国側(かんこくがわ)から発表(はっぴょう)がございます。

2 그럼 첫 번째 의제에 대해 이노우에 씨께서 발표해주시겠습니다.

それでは最初(さいしょ)の議題(ぎだい)について井上(いのうえ)さんから発表(はっぴょう)をしていただきます。

3 그럼 먼저 두자 확대에 대해 발언을 해주시기 바랍니다.

それでは、まず、投資拡大(とうしかくだい)についてご発言(はつげん)をいただきたいと存(ぞん)じます。

4 이 주제에 관한 발표는 야마다 컨설턴트가 하도록 하겠습니다.

このテーマについての発表(はっぴょう)は、山田(やまだ)コンサルタントより行(おこな)います。

응용 표현 2

1 그럼 하야시 선생님을 강사로 모시고 '저탄소 사회'라는 제목으로 강연을 듣겠습니다.

それでは林先生(はやしせんせい)を講師(こうし)にお迎(むか)えし、「低炭素社会(ていたんそしゃかい)」と題(だい)しましてご講演(こうえん)いただきます。

2 첫 연사는 박성주 선생님이십니다. 강연 제목은 '아시아의 문화'입니다.

最初(さいしょ)のスピーカーは朴星姝先生(パクソンジュせんせい)でいらっしゃいます。演題(えんだい)は「アジアの文化(ぶんか)」でございます。

3 매우 유익한 말씀을 해주셔서 대단히 감사합니다.

大変有益(たいへんゆうえき)なお話(はなし)をお聞(き)かせいただき、誠(まこと)にありがとうございました。

4 두 분의 격조 높은 말씀을 듣고 깊은 감명을 받았습니다.

お二方(ふたかた)の大変格調高(たいへんかくちょうたか)いお話(はなし)をいただきまして、非常(ひじょう)に感銘(かんめい)を受(う)けました。

5 나중에 구체적인 말씀이 있을 것으로 생각되기 때문에 저는 제 소개를 겸한 당사의 사례를 말씀드리겠습니다.

後(のち)ほど具体的(ぐたいてき)なお話(はなし)があると思(おも)いますので、私(わたくし)からはご紹介(しょうかい)を兼(か)ねて、当社(とうしゃ)のケースを発表(はっぴょう)いたします。

6 그럼 첫 번째 발표자를 모시겠습니다. 세 분의 발표자 분들께서 차례로 발표를 해주시겠습니다. 그럼 먼저 다카하시 선생님께 부탁드립니다.

それでは最初(さいしょ)の発表者(はっぴょうしゃ)をお迎(むか)えしたいと思(おも)います。３名(めい)の発表者(はっぴょうしゃ)の方(かた)から、順次発表(じゅんじはっぴょう)をしていただきます。まず最初(さいしょ)に、高橋先生(たかはしせんせい)からお願(ねが)いします。

7 발표자의 프로필은 갖고 계시는 프로그램에 나와 있으니 참조해주시기 바랍니다.

発表者(はっぴょうしゃ)のプロフィールにつきましては、お手元(てもと)のプログラムに掲載(けいさい)されておりますので、そちらをご参照(さんしょう)ください。

TIPS

한분 お一人(ひとり)
두분 お二人(ふたり)、お二方(ふたかた)、二方(ふたかた)
세분 三方(さんかた)、お三方(さんかた)

단어 및 표현

강연 제목	演題(えんだい)、題目(だいもく)、題名(だいめい)
발표자	発表者(はっぴょうしゃ)
연사	スピーカー、演者(えんじゃ)
약력	略歴(りゃくれき)
프로필	プロフィール

17

‘○○’라는 제목으로 말씀드리겠습니다

「○○」と題して、お話しいたします

기본 표현

1 ‘저출산 문제’라는 제목으로 말씀을 드리겠습니다.

「少子化問題」と題して、お話しいたします。

2 저는 ‘세계경제의 전망’이라는 타이틀로 말씀을 드리겠습니다.

私は「世界経済の見通し」というタイトルでお話しいたします。

3 이것으로 제 발표를 마치겠습니다.

これで私の発表を終わります。

4 이상으로 제 연설을 마치겠습니다.

以上で私のスピーチを終わりたいと存じます。

응용 표현 1

1 최근 큰 과제로 부상된 '저출산 문제'라는 제목으로 말씀을 드리겠습니다.

最近大きな課題になっております「少子化問題」と題して、お話しいたします。

2 저는 '세계경제'라는 타이틀로 말씀을 드리겠습니다. 그럼 바로 본론으로 들어가겠습니다.

私は「世界経済の見通し」というタイトルでお話しいたします。では早速、本題に入りたいと思います。

3 이것으로 제 발표를 마치도록 하겠습니다만, 혹시 질문 있습니까?

これで私からの発表を終わりますが、何かご質問ございますでしょうか。

4 이상으로 제 강연을 마치겠습니다. 경청해주셔서 감사합니다.

これをもちまして、私のスピーチを終わります。ご清聴ありがとうございました。

응용 표현 2

1 죄송하지만 앉아서 말씀을 드리겠습니다.

恐れ入りますが、座ってお話しいたします。

2 다음은 에너지 산업의 과제에 대해 간단하게 언급하겠습니다.

次に、エネルギー産業の課題について簡単に触れたいと思います。

3 양국의 과제에 대해 논의하는 데 제 얘기가 조금이나마 참고가 됐으면 합니다.

両国の課題について議論される上で、私の話が少しでもご参考になれば幸いです。

4 시작하기 전에 여러분께 한 가지 양해를 구할 사항이 있습니다.

始める前に、皆さまに一つお断りしておきたいことがございます。

5 제게 주어진 테마는 '에너지 문제에 대한 대응 방안'입니다만, 그전에 여러분께 한 가지 양해를 구해야 할 일이 있습니다.

私に与えられたテーマは「エネルギー問題への取り組み」というものでございますが、その前に皆さんにお断りしておきたいことがございます。

6 제가 한국어, 영어 모두 잘 하지 못해 일본어로 발표하는 것을 이해해 주시기 바랍니다.

私は韓国語、英語ともあまり上手くしゃべれませんので日本語で発表いたしますことをお許しください。

7 저는 여러분들께서 말씀하신 것과 같은 어려운 이야기나 전문적인 이야기는 할 수 없으므로 일을 하면서 평소에 느낀 점을 말씀드리겠습니다.

私は、皆さんが言われたような難しい話や専門的な話は全くできませんので、仕事をしながら普段感じていることをお話しします。

8 주최 측으로부터 '퇴직 연금'에 대해 이야기해달라는 요청을 받았습니다만, 실은 이 분야에 대해서는 별로 아는 게 없어(전문가가 아니라) 여러분의 기대에 부응할 수 있을지 매우 걱정입니다.

主催者の方から「退職年金」について話してほしいとのご依頼を受けましたが、実はこの分野については全く不勉強(素人)ですので、皆さまのご期待に沿うことができるかどうか大変心配です。

TIPS

어떤 분야에 대해 잘 모른다고 할 때 「不勉強」라는 표현을 종종 쓴다. 직역하면 '노력이 모자라다, 공부에 힘쓰지 않다'라는 뜻인데 우리말로는 '잘 모른다' 정도로 옮기면 된다.

단어 및 표현

~라는 제목으로　~と題(だい)して

본론　本題(ほんだい)

▷ 본론에 들어가다　本題(ほんだい)に入(はい)る

대응, 대응 전략　取(と)り組(く)み

언급하다　触(ふ)れる

비전문가, 아마추어　素人(しろうと)

▷ 잘 모르다　不勉強(ふべんきょう)

~하는 데　~する上(うえ)で

기대에 부응하다　期待(きたい)に沿(そ)う(添(そ)う)

18

요점만 말씀을 드리겠습니다

要点(ようてん)だけお話(はな)しいたします

기본 표현

1 요점만 간단히 말씀을 드리겠습니다.
要点(ようてん)だけ簡単(かんたん)にお話(はな)しいたします。

2 핵심만 말씀을 드리겠습니다.
ポイントだけをお話(はな)しします。

3 개요만 말씀을 드리겠습니다.
概要(がいよう)だけお話(はな)しいたします。

4 간략하게 말씀을 드리겠습니다.
手短(てみじか)にお話(はな)しいたします。

응용 표현 1

1 시간 관계상 요점만 간단하게 말씀을 드리겠습니다.

時間(じかん)の関係上(かんけいじょう)、要点(ようてん)だけ簡単(かんたん)にお話(はな)しいたします。

2 시간이 별로 없으므로 핵심만 말씀을 드리겠습니다.

時間(じかん)があまりございませんので、ポイントだけをお話(はな)しします。

3 시간이 거의 다 되어 개요만 말씀을 드리겠습니다.

時間(じかん)も迫(せま)ってまいりましたので、概要(がいよう)だけお話(はな)しいたします。

4 지금까지의 경위에 대해 간략하게 말씀을 드리겠습니다.

これまでの経緯(けいい)について手短(てみじか)にお話(はな)ししたいと思(おも)います。

응용 표현 2

1 시간이 촉박하니 간추려서 말씀을 드리겠습니다.

時間(じかん)が押(お)してきましたので、掻(か)い摘(つま)んでお話(はな)ししたいと思(おも)います。

2 여기는 상세하게 말씀을 드리면 끝이 없을 테니 짧게 하겠습니다.

ここは細(こま)かく言(い)うと、きりがないので端折(はしょ)ります。

3 이 부분은 조금 전의 설명과 중복되므로 생략하겠습니다.

ここは先(さき)ほどの説明(せつめい)と重(かさ)なりますので、省(はぶ)きます。

4 조금 전에 이야기가 있었으니 이 부분은 간략하게 개요만 말씀드리겠습니다.

さきほどお話(はなし)がございましたので、ここは端折(はしょ)ってあらすじだけ触(ふ)れたいと思(おも)います。

5 자료는 목차 정도만 간단하게 적어놓은 것밖에 없습니다. 요약문(레주메)을 보시면서 제 말씀을 들어주시기 바랍니다.

資料(しりょう)は箇条書(かじょうが)きにしたものしかございません。レジュメをご覧(らん)になりながら私(わたくし)の話(はなし)を聞(き)いてください。

TIPS

「お話(はな)しいたします」와 「お話(はな)しさせていただきます」

「~いたします」와 「~させていただきます」 모두 많이 사용하는 표현인데 후자가 좀 더 공손한 표현이라고 생각해서 일일이 이 표현으로 바꾸는 사람들이 많다. 하지만 말하는 이가 행위의 주체일 경우는 「~いたします」로도 충분하다.

단어 및 표현

간략하게	手短(てみじか)に
시간이 다 되다	時間(じかん)がまいる
시간이 임박하다	時間(じかん)が迫(せま)る
시간이 촉박하다	時間(じかん)が押(お)す
간추리다	掻(か)い摘(つま)む
생략하다	省(はぶ)く、省略(しょうりゃく)する、割愛(かつあい)する、端折(はしょ)る
줄여서 간략히 하다	端折(はしょ)る
중복되다, 겹치다	重(かさ)なる
요약	要約(ようやく)、サマリー、レジュメ
개요, 줄거리	あらすじ
요약문(목차 정도만 간단하게 적어놓은 것)	箇条書(かじょうが)き

19

두서없이 말씀드려 죄송합니다

話(はなし)が前後(ぜんご)して申(もう)し訳(わけ)ございません

기본 표현

1 두서없이 말씀드려 죄송했습니다.

話(はなし)が前後(ぜんご)しまして申(もう)し訳(わけ)ございませんでした。

2 이야기가 제대로 정리가 안 돼 죄송했습니다.

話(はなし)がまとまらなくて申(もう)し訳(わけ)ございませんでした。

3 두서없는 제 말씀을 들어주셔서 감사합니다.

取留(とりと)めのない私(わたくし)の話(はなし)を聞(き)いていただき、ありがとうございました。

응용 표현 1

1 두서없이 말씀드려 듣기 힘드셨을 겁니다.

話が前後しまして大変聞き苦しかったと思います。

2 이야기가 제대로 정리가 안 돼 죄송했습니다. 이상으로 제 연설을 마치겠습니다.

話がまとまらなくて恐縮ですが、以上で私のスピーチを終わります。

3 두서없는 제 말씀을 끝까지 들어주셔서 감사합니다.

取留めのない私の話を最後まで聞いていただき、ありがとうございました。

응용 표현 2

1 보잘것없는 말씀을 들어주셔서 감사합니다.

拙い話を聞いていただきまして、ありがとうございました。

2 재미없는 말씀을 경청해주신 여러분, 정말 감사합니다.

つまらない話に耳を傾けてくださった皆さま、本当にありがとうございました。

3 급하게 설명을 드렸습니다. 이상으로 마치겠습니다.

急ぎ足でご説明申し上げましたが、以上で終わります。

4 제한된 시간에 급하게 말씀을 드렸는데, 지난번 논의를 다시 한 번 짚어 보았습니다.

限られた時間で駆け足ではございましたが、前回の議論を振り返らせていただきました。

5 급하게 말씀드렸는데, 시간이 다 됐으니 이쯤에서 일단 끝맺고 나머지는 토론 때 계속 하도록 하겠습니다.

急ぎ足でお話させていただきましたが、時間がまいりましたのでこの辺でとりあえずお話を終え、あとはディスカッションの時にお話ししたいと思います。

6 점심 직후라 졸음과 싸워야 할 시간이지만 조금만 참아주시기 바랍니다.

お昼直後なので睡魔と闘わなければいけない時間だとは思いますが、もう少し辛抱してください。

단어 및 표현

두서없다, 갈팡질팡하다, 종잡을 수 없다	前後する、まとまらない、取留めのない
보잘것없다	拙い、つまらない
듣기 힘들다	聞き苦しい
귀를 기울이다, 경청하다	耳を傾ける
서두름, 급히 함	駆け足、急ぎ足
되돌아보다, 짚어 보다	振り返る
이쯤에서	この辺で、この辺りで
졸음	睡魔
참다	辛抱する

20

주제넘다/외람되다/죄송합니다만

おこがましい/僭越(せんえつ)ながら/恐縮(きょうしゅく)ですが/恐(おそ)れ入(い)りますが

기본 표현

1 주제넘지만,

おこがましいとは存(ぞん)じますが、

2 외람되지만 말씀드리겠습니다.

僭越(せんえつ)ながら申(もう)し上(あ)げます。

3 이런 질문을 드려 죄송합니다만,

こんな質問(しつもん)で恐縮(きょうしゅく)ですが(恐(おそ)れ入(い)りますが)、

4 사적인 말씀을 드려 죄송합니다만,

私事(わたくしごと)で恐縮(きょうしゅく)ですが、

응용 표현 1

1 주제넘지만, 한 말씀 드리겠습니다.

おこがましいとは存(ぞん)じますが、一言(ひとこと)お話(はなし)申(もう)し上(あ)げます。

2 외람되지만 업무를 하면서 느낀 점을 말씀드리겠습니다.

僭越(せんえつ)ながら、仕事(しごと)をしながら感(かん)じていたことをお話(はな)しいたします。

3 이런 질문을 드려 죄송합니다만 꼭 가르쳐주셨으면 합니다.

こんな質問(しつもん)で恐縮(きょうしゅく)ですが、ぜひ教(おし)えてくだされば と思(おも)います。

4 사적인 말씀을 드려 죄송합니다만, 지난번 모 기업에서 '에너지 절약'을 대미로 강연할 기회가 있었습니다.

私事(わたくしごと)で恐縮(きょうしゅく)ですが、先日(せんじつ)、ある企業(きぎょう)で「省(しょう)エネ」をテーマとして講演(こうえん)する機会(きかい)がございました。

응용 표현 2

1 듣기 거북한 점도 있었겠지만 양해해주시기 바랍니다.

お聞(き)き苦(ぐる)しい点(てん)もあったかと思(おも)いますが、ご了承(りょうしょう)願(ねが)いたいと思(おも)います。

2 주제넘은 내용으로 귀에 거슬리는 부분도 있을지 모르나 부디 양해해 주시기 바랍니다.

差(さ)し出(で)がましい内容(ないよう)でお耳(みみ)に障(さわ)る点(てん)もあるかと存(ぞん)じますが、お許(ゆる)しください。

3 나중에 여러분께 꾸지람을 들을지 모르겠습니다만, 말씀을 드리겠습니다.

後で皆さんからお叱りを受けるかも知れませんが、お話しいたします。

4 제 자랑 같아 죄송합니다만, 제가 쓴 책에도 그 부분은 자세하게 나와 있으니 참고하시면 되겠습니다.

手前味噌のようで恐縮ですが、私が書いた本にもそのあたりは細かく書いてありますので、ご参考にしていただけたらと思います。

5 결코 자랑할 생각은 없었습니다만, 혹시 그렇게 느끼셨다면 제 부덕의 소치이니 부디 용서해주시기 바랍니다.

決して自慢話をするつもりではございませんでしたが、もし、そうお感じになったとしたら、私の不徳の致すところで、お許しいただければと存じます。

단어 및 표현

죄송합니다	恐縮です、恐れ入ります
주제넘다, 나서다, 외람되다	おこがましい、差し出がましい、僭越ながら
거슬리다	触る(障る)
질책, 꾸지람	叱り
	▷ 질책을 당하다, 꾸지람을 듣다　(お)叱りを受ける
사적인 이야기	私事
자기 자랑, 자화자찬	手前味噌、自慢話
용서	許す
	▷ 용서해주십시오　お許しください

21

휴식 시간을 갖겠습니다

きゅうけいじかん　と　おも
休憩時間を取りたいと思います

기본 표현

1 휴식 시간을 갖겠습니다.

きゅうけいじかん　と　おも
休憩時間を取りたいと思います。

2 커피 브레이크 시간을 갖겠습니다.

じかん　おも
コーヒーブレークの時間をもちたいと思います。

3 휴식을 취하겠습니다.

きゅうけい　と　おも
休憩を取りたいと思います。

응용 표현 1

1 그럼 여기서 10분간 휴식 시간을 갖도록 하겠습니다.

それではここで10分間休憩時間を取りたいと思います。

2 다음 세션으로 넘어가기 전에 커피 브레이크 시간을 갖도록 하겠습니다.

次のセッションに移る前に、コーヒーブレークの時間をもちたいと思います。

3 이상으로 제1부를 마치고 20분간 휴식을 취하겠습니다.

以上をもちまして第1セッションを終え、20分間休憩を取りたいと思います。

응용 표현 2

1 그럼 여기서 10분간 휴식 시간을 갖도록 하겠습니다. 11시에 다시 이 자리로 모이시기 바랍니다. 많은 협조 부탁드립니다.

それではここで10分間休憩時間を取りたいと思います。11時に再度お集まりいただきたいと思いますので、よろしくご協力の程お願い申し上げます。

2 그럼 여기서 커피 브레이크 시간을 갖도록 하겠습니다. 회의장 바깥에 간단한 다과를 준비해두었으니 이용해주시기 바랍니다.

それではここでコーヒーブレークの時間をもちたいと思います。会場の外にお飲み物をご用意しておりますので、ご利用ください。

3 3개 분과회의 보고가 이어지면서 시간도 2시간 정도 지났습니다. 그럼 여기서 20분 정도 휴식을 취하겠습니다. 3시 20분에 다시 시작할 예정이오니 그때까지 자리로 돌아와주시기 바랍니다.

さて、3分科会(ぶんかかい)の報告(ほうこく)が続(つづ)き、時間(じかん)も2時間(じかん)ほど経(た)ちました。ここで、20分(ぷん)ほど休憩(きゅうけい)を取(と)りたいと思(おも)います。再開(さいかい)は3時(じ)20分(ぷん)の予定(よてい)ですので、それまでにお席(せき)にお戻(もど)りください。

4 1시간 반이 경과했으므로 지금부터 5분 정도 쉰 다음 장내에 계신 여러분들과 의견 교환을 하도록 하겠습니다.

1時間半(じかんはん)経(た)ちましたので、ここで5分(ふん)ほど休憩(きゅうけい)を取(と)り、その後(あと)フロアの皆(みな)さまと共(とも)に意見交換(いけんこうかん)を進(すす)めてまいりたいと思(おも)います。

5 휴식에 들어가기에 앞서 여러분께 안내 말씀 드리겠습니다. 지금부터 20분간 커피 브레이크를 갖고 이어서 패널 디스커션이 열립니다. 강연 시작 5분 전까지 자리로 돌아와주시기 바랍니다.

休憩(きゅうけい)に際(さい)し、ご参加(さんか)の皆(みな)さまにお知(し)らせ申(もう)し上(あ)げます。これより20分間(ぷんかん)のコーヒーブレークを挟(はさ)み、引(ひ)き続(つづ)きパネルディスカッションが行(おこな)われます。講演開始(こうえんかいし)の5分前(ふんまえ)までにはお席(せき)にお戻(もど)りくださいますようお願(ねが)い申(もう)し上(あ)げます。

단어 및 표현

휴식 시간	休憩時間(きゅうけいじかん)
	• 휴식 시간(화장실을 가기 위한) トイレ休憩(きゅうけい) 휴식 시간(담배를 피우기 위한) タバコ休憩(きゅうけい)
휴식 시간을 갖다	休憩時間(きゅうけいじかん)を取(と)る
커피 브레이크	コーヒーブレーク
다시, 재차	再度(さいど)

22

의견 교환을 하겠습니다

意見交換(いけんこうかん)を行(おこな)います

기본 표현

1 지금부터 의견 교환을 하겠습니다.

これから意見交換(いけんこうかん)を行(おこな)います。

2 의견 교환에 들어가겠습니다.

意見交換(いけんこうかん)に入(はい)りたいと思(おも)います。

3 그럼 패널 디스커션으로 넘어가겠습니다.

では、パネルディスカッションに移(うつ)ります。

응용 표현 1

1 여러분과 기탄없는 의견 교환을 실시하도록 하겠습니다.

皆さまと忌憚のない意見交換を行いたいと思います。

2 의견 교환에 들어가겠습니다. 의견이나 코멘트 등이 있으면 말씀해 주십시오.

意見交換に入りたいと思います。ご意見やコメントなどがございましたらお願いいたします。

3 그럼 계속해서 패널 디스커션에 들어가겠습니다. 향후의 과제에 대해 솔직하게 이야기를 나누었으면 합니다.

では、パネルディスカッションに移りたいと思います。今後の課題について率直に話し合っていただきたいと思います。

응용 표현 2

1 오늘은 매우 열띤 논의를 할 수 있었습니다.

本日は大変熱のこもった議論ができたと存じます。

2 여러분과 머리를 맞대고 뜻깊은 대화를 나눌 수 있었습니다.

皆さまと膝を交えて有意義な話し合いをすることができました。

3 제한된 시간 속에서 알찬 논의를 해주셔서 감사합니다.

限られた時間の中で、中身の濃い議論をしていただき、ありがとうございました。

4 원활한 진행을 위해 사전에 세 분께 발언을 부탁드렸습니다.

円滑な進行を行うために、あらかじめ３人の方にご発言をお願いしております。

5 양국의 협력 관계를 강화시켜 나가기 위해 좀 더 심층적인 논의를 해나갔으면 합니다.

両国の協力関係を高めていくために、もう少し掘り下げた議論をしたいと存じます。

6 이와 같은 상황하에서 여러분과 솔직한 의견 교환을 하는 것은 매우 시의적절한 일입니다.

このような状況の下、皆さまと率直に意見交換を行うのは誠に時宜を得たものと思います。

7 서로 흉금을 터놓고 솔직한 의견 교환을 하는 자리를 마련하는 것은 큰 의미가 있습니다.

お互い胸襟を開いて率直な意見交換ができる場が設けられるのは、大きな意味があると考えます。

8 가능한 한 많은 분들의 의견을 듣고자 부득이 발언 시간을 제한할 수도 있습니다. 부디 양해해주시기 바랍니다.

できるだけ多くの方のご意見を伺いたいと思いますので、やむを得ず発言時間を制約させていただく場合もございます。どうかご了承ください。

9 시간이 매우 제한돼 있는 가운데 가능한 한 많은 분들이 발언하실 수 있도록 원칙적으로 발표는 10분 이내, 코멘트는 3분 이내로 해주시면 감사하겠습니다.

非常に限られた時間の中でなるべくたくさんの皆さま方にご発言いただけるよう、原則として発表に関しては10分以内、また、コメントについては3分以内でご発言いただければ幸いに存じます。

10 많은 의견들이 나왔으므로 사무국에서 정리를 해주셨으면 합니다.

かなり意見が出ましたので、事務局でまとめていただきたいと思います。

TIPS

기조 강연　基調講演、キーノートスピーチ

연사　スピーカー、演者

토론, 디스커션　討論、ディスカッション

토론자, 패널리스트　討論者、パネリスト

패널 토론, 패널 디스커션　パネルディスカッション

질의 응답(Q&A)　質疑応答(Q&A)

의견, 코멘트　意見、コメント

세션(部)　セッション(部)

단어 및 표현

논의	議論(ぎろん)
기탄없는	忌憚(きたん)のない
솔직히	率直(そっちょく)に
흉금을 털어놓다	胸襟(きょうきん)を開(ひら)く
열기를 띠다	熱(ねつ)がこもる
머리를 맞대다	膝(ひざ)を交(まじ)える
알차다	中身(なかみ)の濃(こ)い
파고들다, 깊이 파헤치다	掘(ほ)り下(さ)げる、突(つ)っ込(こ)む
시의적절하다	時宜(じぎ)を得(え)る、時宜(じぎ)に適(かな)う、タイムリーである
부득이	やむを得(え)ず

23

질의응답 시간을 갖겠습니다

質疑応答の時間をもちたいと思います

기본 표현

1 질의응답 시간으로 들어가겠습니다.
質疑応答の時間に入りたいと思います。

2 질문을 받겠습니다.
ご質問をお受けいたします。

3 질문 있는 분은 손을 들어주시기 바랍니다. (손을 들어 주시겠습니까?)
質問のある方は挙手をお願いします。(挙手をしていただけますでしょうか。)

4 일본 측 발표자 분께 질문을 드리겠습니다.
日本側の発表者の方にお聞きします。

5 **담당자의 생각을 듣고 싶습니다만.**

担当者の考えを伺いたいのですが。

6 **답변을 부탁드립니다.**

ご回答をお願いします。(お答えをお願いします。)

7 **답변을 드리겠습니다.**

ご回答いたします。(お答えいたします。)

8 **답변이 됐습니까?**

お答えになりましたでしょうか。

응용 표현 1

1 발표는 이것으로 마치고 질의응답 시간으로 들어가겠습니다.

発表はこれで終わり、質疑応答の時間に入りたいと思います。

2 이번에는 청중으로부터 질문을 받겠습니다.

今度はフロアの方からご質問をお受けいたします。

3 죄송합니다만, 질문 있는 분은 손을 들어주시겠습니까?

恐れ入りますが、質問のある方は挙手をしていただけますでしょうか。

4. 일본 측 발표자 분께 질문을 드리겠습니다. 견해를 들려주십시오.
   日本側の発表者の方にお聞きします。ご見解をお聞かせ願います。

5. 인구 감소의 영향을 어떻게 보시는지 담당자의 생각을 듣고 싶습니다만.
   人口減少の影響をどのように捉えているのか、担当者の考えを伺いたいのですが。

6. 지금 질문은 심의관께 답변을 부탁드립니다.
   今のご質問は審議官にお答えをお願いします。

7. 두 가지 질문이 있었습니다만, 우선 첫 번째 질문부터 답변을 드리겠습니다.
   ２点ご質問がございましたが、まず最初のご質問からお答えいたします。

8. 지금 설명으로 답변이 됐습니까?
   今の説明でお答えになりましたでしょうか。

응용 표현 2

1 더 없습니까? 좋은 기회이니 질문 있는 분은 꼭 해주시기 바랍니다.

他にございませんか。折角の機会ですので、ご質問のある方は是非ご発言ください。

2 어느 분이라도 괜찮으니 손을 들고 질문해주시기 바랍니다. 대단히 죄송합니다만, 질문하실 때는 성함과 소속을 먼저 말씀해주시기 바랍니다.

どなたでも結構ですので手を挙げてご質問ください。大変恐縮ですが、ご質問の際にはお名前とご所属を最初におっしゃってください。

3 질문은 간결하게 해주시기 바랍니다. 성함과 소속을 말씀하신 후 발언해 주시기 바랍니다. 질문이 아니라 코멘트라도 괜찮습니다.

質問は簡潔にお願いいたします。お名前とご所属をおっしゃってからご発言いただきたいと思います。質問ではなくコメントでも結構でございます。

4 죄송합니다만, 질문하실 분은 손을 들고 마이크를 사용해주시기 바랍니다.

恐れ入りますが、ご質問のある方は、挙手の上、マイクにてお願いします。

5 사무국 직원이 마이크를 갖다드리겠으니(전달해드리겠으니) 그 자리에서 질문하시기 바랍니다.

事務局のスタッフ（係員）がマイクをお持ちします(お渡しします、お届けします）ので、お席にてご発言をお願いいたします。

6 발언하실 때는 마이크의 버튼을 눌러 램프가 켜지면 발언하시고 발언이 끝나면 버튼을 눌러 마이크를 꺼주시기 바랍니다.

発言(はつげん)をされる場合(ばあい)には、マイクのボタンを押(お)してランプがついてから発言(はつげん)をし、発言(はつげん)が終(お)わりましたらボタンを押(お)してマイクをお切(き)りくださいますようお願(ねが)い申(もう)し上(あ)げます。

7 마이크를 좀 더 가까이 대고 말씀해주시기 바랍니다.

もう少(すこ)しマイクに近(ちか)づいてお話(はな)しください。

8 질문이 더 있겠지만 시간이 지연됐으므로 이후에는 리셉션 석상에서 자유롭게 의견을 교환해주시면 감사하겠습니다.

他(ほか)にもまだご質問(しつもん)があるかと思(おも)いますが、時間(じかん)が遅延(ちえん)しておりますので、この後(あと)はレセプションにて自由(じゆう)に意見交換(いけんこうかん)をしていただければと思(おも)います。

단어 및 표현

(순서로) 들어가다, 넘어가다　～に入る、～に移る

질문을 받다　ご質問を受ける

듣다(묻다)　伺う (聞く、尋ねる、問う의 겸양어)

▷ 들려주다　聞かせる
들려주시기 바랍니다　お聞かせ願います

대답하다, 답변하다　お答えする、ご回答をする

(모처럼의) 좋은 기회　折角の機会

～라도 괜찮다, ～라도 상관없다　～でも結構である

마이크를 가져다주다(전달하다)　マイクをお持ちする (お届けする、お渡しする)

자리에서　お席にて

24

제 인사 말씀을 마치겠습니다

私(わたくし)の挨拶(あいさつ)を終(お)わります

기본 표현

1 양국 대표의 폐회사를 듣겠습니다.
両国(りょうこく)の代表(だいひょう)より閉会(へいかい)のご挨拶(あいさつ)をいただきます。

2 이것으로 제 인사 말씀을 마치겠습니다.
これで私(わたくし)のご挨拶(あいさつ)を終(お)わります。

3 제 인사 말씀으로 대신하겠습니다.
私(わたくし)のご挨拶(あいさつ)とさせていただきます。

4 제 인사 말씀으로 갈음하겠습니다.
私(わたくし)のご挨拶(あいさつ)に代(か)えさせていただきます。

응용 표현 1

1 폐회에 즈음하여 양국 대표의 폐회사를 듣겠습니다.

閉会に際しまして、両国の代表より閉会のご挨拶をいただきます。

2 간단하나마 이것으로 제 인사 말씀을 마치겠습니다.

簡単ではございますが、これで私のご挨拶を終わります。

3 관계자 여러분께 깊이 감사를 드리며 제 인사 말씀으로 대신하겠습니다.

関係者の皆さまに厚くお礼を申し上げて、私のご挨拶とさせていただきます。

4 여러분의 건승과 발전을 기원하며 제 인사 말씀으로 갈음하겠습니다.

皆さまのご健勝とご発展をお祈り申し上げながら、私の挨拶に代えさせていただきます。

응용 표현 2

1 이 자리를 빌려 회의를 성공적으로 이끌어오신 회장님과 양국 관계자 여러분께 감사의 말씀을 전합니다.

この場をお借りしまして、会議を成功裏に導いて来られた会長と両国の関係者にお礼を申し上げます。

2 아무쪼록 오늘 논의된 방안들이 좋은 결실을 맺어 두 나라 간 경제협력을 한 단계 더 끌어올리기를 기대하면서 참석자 여러분의 건승을 기원합니다.

どうか本日議論された方策がよい実を結び、両国の経済協力が一段階高められることを期待しながら、ご列席の皆さまのご健勝をお祈りいたします。

3 마지막으로 오늘의 포럼 개최를 위해 남다른 수고를 아끼지 않으신 주최 측 여러분께 거듭 감사 말씀을 드립니다.

最後になりましたが、本日のフォーラム開催にあたり、ひとかたならずご尽力なさいました主催者側の皆さまに重ねて御礼申し上げます。

4 이번 총회 개최를 다시 한번 축하드리고 더불어 양 위원회의 더욱 큰 발전과 활약을 기원하면서 제 인사 말씀을 마치겠습니다.

今般の総会の開催を改めてお祝い申し上げるとともに、両委員会の益々のご発展、ご活躍を祈念いたしまして、私の挨拶とさせていただきます。

5 양국간의 교류를 통해 상호이해가 더욱 깊어지고 견고한 동반자 관계가 구축되기를 염원하면서 제 인사 말씀으로 갈음하겠습니다.

両国間の交流を通じまして、相互理解が一層深まり、強固なパートナーシップが築き上げられることを念願し、私のご挨拶に代えさせていただきます。

6 오늘 심포지엄이 업계의 울타리를 넘어 앞으로의 활동에 조금이나마 도움이 되기를 바라면서 제 인사 말씀을 마치겠습니다.

本日のシンポジウムが、業界の垣根を越えて、今後の取り組みの一助となりますことを祈念いたしまして、私のご挨拶といたします。

7 긴 안목으로 양국 관계를 바라보면서 한일간의 신뢰 관계가 공고하고 확고한 관계가 되기를 기대하면서 제 인사 말씀을 마치겠습니다.

長い目で両国関係をとらえ、日韓の信頼関係が揺らぐことのない確固たるものになることを強く期待しながら、私の挨拶とさせていただきます。

8 마지막으로 바쁘신 가운데 강연을 맡아주신 강사 여러분께 감사드리며 본 세미나가 많은 결실을 거두기를 기원하는 것으로 제 인사 말씀으로 갈음하겠습니다. 대단히 감사합니다.

最後になりましたが、お忙しいところご講演を引き受けていただいた講師の皆様にお礼を申し上げ、このセミナーが実り多きものとなることを祈念いたしまして、私の挨拶とさせていただきます。本日は誠にありがとうございました。

단어 및 표현

~에 즈음하여	~に際し、~にあたり
대신하다, 갈음하다	~に代える
기원하다	祈る、祈念する
이 자리를 빌려	この場をお借りして
이끌다	導く
방안	方策、方法 ▷「方案」이라고 할 경우 「法案」으로 들리기 쉽다.
남다른	ひとかたならず、なみなみならぬ
이해를 넓히다	理解を深める
울타리를 넘다	垣根を越える
일조	一助
공고한, 견고한	強固な、揺らぐことのない
열매를 맺다	実を結ぶ ▷ 많은 결실을 거두는 회의가 되기를 기원합니다. 実り多いもの (実り多きもの) となることを祈念いたします。
확고한	確固たる
긴 안목	長い目

25

모두 마치겠습니다

すべて終了(しゅうりょう)いたします

기본 표현

1 오늘 회의를 모두 마치겠습니다.
本日(ほんじつ)の会議(かいぎ)をすべて終了(しゅうりょう)いたします。

2 오늘 일정을 모두 마쳤습니다.
本日(ほんじつ)の日程(にってい)はすべて終了(しゅうりょう)しました。

3 이것으로 폐회하겠습니다.
これをもちまして閉会(へいかい)いたします。

4 이상으로 회의를 마치겠습니다.
以上(いじょう)をもちまして会議(かいぎ)を終(お)わります。

응용 표현 1

1 이상으로 오늘 회의를 모두 마치겠습니다.

以上(いじょう)をもちまして、本日(ほんじつ)の会議(かいぎ)をすべて終了(しゅうりょう)いたします。

2 지난주부터 시작된 설명회는 오늘로써 모두 종료되었습니다.

先週(せんしゅう)から始(はじ)まった説明会(せつめいかい)は、本日(ほんじつ)をもちましてすべて終了(しゅうりょう)しました。

3 예정된 시간이 다 됐으므로 이것으로 폐회하겠습니다.

予定(よてい)の時間(じかん)がまいりましたので、これをもちまして閉会(へいかい)いたします。

4 약속한 시간이 다 됐으므로 이쯤에서 회의를 마치겠습니다.

お約束(やくそく)の時間(じかん)となりましたので、このあたりで会議(かいぎ)を終(お)わります。

응용 표현 2

1 여러분의 협조하에 오늘 세미나가 순조롭게 진행된 점을 진심으로 감사드립니다.

皆(みな)さん方(がた)のご協力(きょうりょく)により、本日(ほんじつ)のセミナーが滞(とどこお)りなく進(すす)められたことを心(こころ)からお礼申(れいもう)し上(あ)げます。

2 여러분의 협조하에 오늘 세미나가 성황리에 끝났습니다. 장시간에 걸쳐 함께해주신 여러분께 감사드립니다.

皆(みな)さまのご協力(きょうりょく)により、本日(ほんじつ)のセミナーが盛況(せいきょう)のうちに終了(しゅうりょう)いたしました。長時間にわたりましてお付き合いいただき、誠にありがとうございました。

3 오늘 세미나는 무사히 마쳤습니다. 이는 오로지 ○○○회장님을 비롯하여 ○○위원회 여러분들께서 주도면밀하게 준비해주신 덕분으로 이에 깊이 감사드립니다.

本日のセミナーは無事終了いたしました。これはひとえに、OOO会長をはじめOO委員会の皆様の周到なご用意があった賜物と、深く感謝申し上げる次第でございます。

4 많은 분들께서 시종일관 열심히 참여해주셨습니다. 나아가 각각 평소의 생각이나 느낀 점에 대해서도 적극적으로 제안해주셨습니다. 다시 한번 열심히 참여해주신 여러분들께 진심으로 감사드립니다.

多くの方々に終始熱心にご参加いただきました。さらに、それぞれ日頃からのお考え、あるいはお気づきの点につきましても積極的にご提言をいただきました。改めまして、ご熱心に参画いただきました皆さまに心から御礼を申し上げたいと思います。

5 이틀간에 걸쳐 개최된 포럼도 이제 마쳐야 할 시간이 되었습니다. 폐회에 앞서 양측의 좌장께 마무리 말씀을 부탁드립니다.

二日間にわたって開催してまいりましたフォーラムも、いよいよ閉会の時を迎えることとなりました。閉会にあたりまして、双方の座長に締め括りのお言葉をお願いします。

6 제40차 합동 총회가 성공리에 열리고 이제 막을 내려야 할 때가 되었습니다. 여러분의 지원과 협조에 다시 한번 진심으로 감사드립니다.

第40次合同総会が成功裏に開かれ、ここに終幕をみることになりました。皆さま方のご支援、ご協力に改めて心から感謝申し上げます。

7 양 위원장의 훌륭한 진행으로 원활한 회의 운영이 가능했던 점을 진심으로 감사드립니다. 두 분께 박수를 보내주시기 바랍니다.

両議長のご進行のよろしきを得て、円滑な会議運営ができましたことを心から感謝申し上げます。お二人に拍手を送りたいと思います。

단어 및 표현

이상으로, 이것으로	以上をもちまして、これをもちまして
막힘없이, 순조롭게	滞りなく、順調に
성황리	盛況のうち
오로지	ひとえに
~를 비롯하여	～をはじめ
	▷ ~를 비롯한　～をはじめとする
덕분, 결과	賜物
주도면밀한	周到な
함께해주시다	お付き合いいただく
	▷ 함께해주십시오　お付き合いをお願いします
시종일관	終始
평소의 생각	日頃の考え、日頃からのお考え
(회의 등을) 마칠 시간이 되다	閉会の時を迎える
마무리하다	締め括る
	▷ 마무리 말씀　締め括りのお言葉
종막, 폐막	終幕

26

이후 일정에 대해 안내 말씀 드립니다

この後(あと)の日程(にってい)についてご案内(あんない)します

기본 표현

1 이후의 일정에 대해 안내 말씀 드립니다.
この後(あと)の日程(にってい)についてご案内(あんない)いたします。

2 향후 일정에 대해 알려드립니다.
今後(こんご)の日程(にってい)についてお知(し)らせします。

3 향후 일정에 대한 공지 사항이 있습니다.
今後(こんご)の日程(にってい)についてのお知(し)らせがございます。

4 내일 일정은 별도로 안내해드리겠습니다.
明日(みょうにち)の日程(にってい)については別途(べっと)ご案内(あんない)を申(もう)し上(あ)げます。

응용 표현 1

1 사무국에서 이후의 일정에 대해 안내 말씀 드립니다.

事務局より、この後の日程についてご案内いたします。

2 향후 일정은 결정되는 대로 사무국에서 알려드리겠습니다.

今後の日程については決定次第、事務局よりお知らせします。

3 여러분께 중요한 공지 사항이 있습니다. 오후 스케줄이 일부 변경되었습니다.

皆さんに大事なお知らせがございます。午後のスケジュールが一部変更となりました。

4 내일 일정은 메일로 별도로 안내해드리겠습니다.

明日の日程についてはメールで別途ご案内申し上げます。

응용 표현 2

1 여러분께 안내 말씀 드립니다. 계속해서 세리머니가 진행될 예정이오니 그대로 회의장에 남아주시기 바랍니다.

皆さまにご案内を申し上げます。引き続きセレモニーがございますのでそのまま会場にお残りください。

2 여러분께 안내 말씀 드립니다. 다음 프로그램의 준비가 끝날 때까지 자리에서 기다려주시기 바랍니다.

皆さまにご案内を申し上げます。次のプログラムの準備が出来るまで、そのままお待ちください。

3 다음은 즐거운 추첨 시간이 있습니다. 부디 마지막까지 함께해주시기 바랍니다.

このあとお楽しみ抽選会がございます。是非、最後までお付き合いをお願いいたします。

4 이어서 기념품 증정이 있겠습니다. 양국 대표께서는 죄송하지만 앞쪽으로 나와주시기 바랍니다.

続きまして記念品贈呈に移ります。両国の代表は、恐れ入りますが前の方にお越しください。

5 회의를 마친 후 기념 촬영이 있겠습니다. 각국 대표단 여러분께서는 한 분도 빠짐없이 앞으로 나와주시기 바랍니다.

会議終了後、記念撮影がございます。各国の代表団の皆さまは前の方へお進みください。

6 다음은 다 같이 기념 촬영을 하겠습니다. 직원이 안내를 해드리겠으니 이동해주시기 바랍니다.

このあと、全員揃っての記念撮影がございます。係の者がご案内しますので、ご移動願います。

7 오늘 저녁 회의 종료 후 참가자 여러분들의 친목회가 열립니다. 교류를 넓힐 수 있는 기회로 삼아주시면 감사하겠습니다.

本日の夕方会議が終了してから、参加者の懇親会を開催いたします。交流を深める機会としていただければ幸いでございます。

8 환영 만찬회 준비가 다 됐습니다. 장소는 30층 크리스탈 볼룸입니다. 번거로우시겠지만 직원의 안내에 따라 이동해주시기 바랍니다.

歓迎の晩餐会の準備が整いました。場所は30階のクリスタルボールルームでございます。皆さん方にはご面倒でございますが、ご案内のスタッフに従いご移動いただきますようお願い申し上げます。

9 오후에는 공장 견학이 있습니다. 4시에 버스가 출발하므로 3시 50분까지 1층 로비에 집합해주시기 바랍니다. 버스는 두 대가 준비되어 있습니다. 두 대에 나눠 타시기 바랍니다.

午後は工場見学がございます。4時にバスが出発しますので、3時50分まで１階のロビーにご集合ください。なお、バスは2台でございます。この2台に分乗いただきますようお願いいたします。

10 여러분께 배포해드린 자료 안에 설문지가 들어 있습니다. 번거로우시겠지만 설문지에 기입하신 후 사무국에 제출해주시기 바랍니다.

皆さまにお配りした資料の中にアンケー用紙が入っております。お手数でございますが、アンケート用紙にご記入の上、事務局にご提出をお願い申し上げます。

11 내일 아침에 귀국하시는 분은 각자 체크아웃을 마치신 후 8시에 현관 홀로 모여주시기 바랍니다.

明朝帰国される方は各自チェックアウトを済まされたあと、８時に玄関ホールに集合してください。

12 가지고 계시는 자료는 출구 쪽에 안내 데스크가 있으니 그곳에 맡겨주시면 되겠습니다.

お手元の資料は出たところに受付がございますので、そこにお預けください。

13 돌아가실 때는 잊으신 물건이 없도록 다시 한번 확인해주시기 바랍니다.

お帰りの際は、お忘れ物などございませんよう、今一度お確かめください。

TIPS

한 분도 빠짐없이

기념 촬영을 할 때 보통 "한 분도 빠짐없이 앞으로 나와주십시오"라고 한다. 자칫 「ひとりもかかさず」라든가 「ひとりも残らず」라고 통역하기 쉬운데 그다지 좋은 표현은 아니다. 이때는 「各国の代表団の皆さまは前の方へお進みください」라고 옮기는 게 무난하다.

단어 및 표현

공지 사항	お知(し)らせ
~하는 대로	次第(しだい)
추첨, 추첨 시간	抽選会(ちゅうせんかい)
담당 직원, 담당자	係(かか)り、係(かか)りの者(もの)
친목회	懇親会(こんしんかい)
마치다, 끝내다	済(す)ませる
	▶ 체크아웃을 마치다　チェックアウトを済(す)ませる
맡기다	預(あず)ける

27

건배하겠습니다

乾杯(かんぱい)をいたします

기본 표현

1 그럼, 건배 순서로 들어가겠습니다.

それでは、乾杯(かんぱい)に移(うつ)りたいと思(おも)います。

2 이제 건배를 하겠습니다.

ここで乾杯(かんぱい)をいたします。

3 회장님께서 건배 제의를 해주시겠습니다.

会長(かいちょう)に乾杯(かんぱい)の音頭(おんど)をとっていただきたいと思(おも)います。

4 (제가) 건배 제의를 하겠습니다.

乾杯(かんぱい)の音頭(おんど)をとらせていただきます。

응용 표현 1

1 그럼 건배를 하겠습니다. 여러분, 잔을 준비해주십시오.

それでは、乾杯(かんぱい)に移(うつ)りたいと思(おも)います。皆(みな)さま、グラスをご用意(ようい)ください。

2 이제 건배를 하겠습니다. 여러분, 준비되셨습니까?

ここで乾杯(かんぱい)をいたします。皆様(みなさま)、ご準備(じゅんび)の方(ほう)はよろしいでしょうか。

3 회장님께 건배 제의를 부탁드립니다. 여러분, 잔을 들고 일어나주시기 바랍니다.

会長(かいちょう)に乾杯(かんぱい)の音頭(おんど)をとっていただきたいと思(おも)います。皆(みな)さま、グラスを持(も)ってご起立(きりつ)ください。

4 그럼 건배 제의를 하겠습니다. 여러분, 함께 외쳐주시기 바랍니다.

それでは乾杯(かんぱい)の音頭(おんど)をとらせていただきます。どうぞ皆(みな)さま、ご唱和(しょうわ)のほど、よろしくお願(ねが)いいたします。

응용 표현 2

1 회장님, 건배 선창을 부탁드립니다.

会長(かいちょう)、乾杯(かんぱい)のご発声(はっせい)をお願(ねが)いいたします。

2 회장님께서 건배 선창을 해주시겠습니다.

会長(かいちょう)より乾杯(かんぱい)のご発声(はっせい)がございます。

3 건배 선창은 당사의 사장님께서 하시겠습니다.

乾杯の発声は当社の社長よりさせていただきます。

4 지명을 받은 사사키입니다. 그럼 건배 제의를 하겠습니다. 큰 소리로 함께 외쳐주시기 바랍니다.

ご指名をいただきました佐々木でございます。 では、乾杯の音頭をとらせていただきます。大きな声でご唱和お願いします。

5 참석해주신 여러분께 감사의 마음을 담아 건배하겠습니다.

ご参加いただいた皆さんに感謝の気持ちを込めて、乾杯したいと思います。

6 양국 관계자 여러분의 건승과 발전을 기원하며 건배하겠습니다.

両国関係者の益々のご健勝とご発展を祈念し、乾杯したいと思います。

7 참석하신 여러분의 건승을 기원하며 잔을 들겠습니다. 여러분 앞에 있는 잔을 들어주시기 바랍니다.

ご出席の皆さまのご健勝を祈念して杯を上げたいと存じます。皆さまの前にございます杯をお持ちくださいますようお願い申し上げます。

8 한국 측의 여러분께서 훌륭한 음식을 대접해주신 데 대해 감사드립니다. 여러분의 건승과 행복을 기원하며 잔을 들겠습니다.

韓国側の皆さまから素晴らしい料理をご馳走いただきましてありがとうございました。 皆さまのご健勝とご多幸を祈念して杯を上げたいと存じます。

9 참석하신 여러분의 건승과 행복을 기원하며, 건배!! 감사합니다.

ご臨席の皆さまのご健勝とご多幸を祈念いたしまして、乾杯!! ありがとうございました。

응용 표현 3

1 그럼 여러분, 천천히 환담을 나누시기 바랍니다.

それでは、皆様、ごゆっくりご歓談ください。

2 그럼 식사를 하시면서 환담을 나누시기 바랍니다.

それでは、お食事をしながらごゆっくりご歓談ください。

3 옛정을 다지면서 즐거운 시간을 보내시기 바랍니다.

旧交を温め、楽しい時間をお過ごしください。

4 그럼 지금부터 준비한 만찬을 마음껏 즐기시기 바랍니다.

ではこれにより、ご用意させていただきました晩餐を心行くまでお楽しみください。

5 환담 중에 죄송합니다만, 시간이 다 됐으므로 이쯤에서 마지막 인사 말씀을 듣도록 하겠습니다.

ご歓談中ではございますが、そろそろお時間となりますので、この辺で最後のご挨拶をお願いしたいと思います。

6 여러분, 아직 나누실 말씀이 많겠습니다만 이쯤에서 마무리를 짓도록 하겠습니다. 끝까지 함께해주셔서 감사합니다.

皆(みな)さま、まだまだお話(はなし)は尽(つ)きないと思(おも)いますが、そろそろこの辺(へん)でお開(ひら)きにしたいと思(おも)います。最後(さいご)までお付(つ)き合(あ)いくださいまして、ありがとうございました。

7 이상으로 모두 마치겠습니다. 여러분, 바쁘신 가운데 끝까지 함께해주셔서 감사합니다.

以上(いじょう)をもちまして、お開(ひら)きとさせていただきます。皆様(みなさま)、お忙(いそが)しい中最後(なかさいご)までお付(つ)き合(あ)い下(くだ)さいまして、ありがとうございました。

단어 및 표현

건배 제의를 하다 乾杯(かんぱい)の音頭(おんど)をとる

▷ (다른 사람에게) 건배 제의를 부탁하다
乾杯(かんぱい)の音頭(おんど)をとっていただく

(내가) 건배 제의를 하다
乾杯(かんぱい)の音頭(おんど)をとらせていただく

함께 외침 唱和(しょうわ)

선창 発声(はっせい)

행복 多幸(たこう)

대접을 받다 お持(も)て成(な)しを受(う)ける、ご馳走(ちそう)になる、ご馳走(ちそう)をいただく

옛정을 다지다 旧交(きゅうこう)を温(あたた)める

마음껏 心行(こころゆ)くまで

끝나다 尽(つ)きる

마치다 お開(ひら)きにする

▷ 일반적으로 회의를 마칠 때는 「終(お)わる、終了(しゅうりょう)する」라고 하고, 만찬회나 연회 등을 마칠 때는 「お開(ひら)きにする」라고 한다.

28

준비했습니다

ようい
ご用意いたしました

기본 표현

1 주차권을 준비해두었습니다.
ちゅうしゃけん ようい
駐車券をご用意しております。

2 점심 식사를 준비해두었습니다.
ちゅうしょく ようい
昼食を用意いたしております。

3 자료를 준비해두었습니다.
しりょう ようい
資料をご用意しております。

4 기념품(선물)을 준비해두었습니다.
きねんひん おく もの ようい
記念品(贈り物)をご用意いたしました。

응용 표현 1

1 차로 오신 분들을 위해 주차권을 준비해두었습니다.

車で来られた方々のために駐車券を用意しております。

2 참가자 여러분들의 점심을 모두 준비해두었습니다.

参加者の皆様の昼食をすべて用意いたしております。

3 회의장 밖에 자료를 준비해두었으니 자유롭게 가져가시기 바랍니다.

会場の外に資料をご用意しておりますので、ご自由にお持ちください。

4 약소하지만 기념품(선물)을 준비했습니다.

ささやかではございますが、記念品(贈り物)をご用意いたしました。

응용 표현 2

1 주차권을 준비해두었으니 안내 데스크에서 받아 가시기 바랍니다.

駐車券を用意しておりますので、受付の方でお取り下さい。

2 차로 오신 분들께서는 가실 때 안내 데스크에서 도장을 받아 가시기 바랍니다.

車で来られた方々はお帰りになる際、受付でスタンプを押してもらいお帰りいただきたいと思います。

3 점심 식사는 국화룸에 준비해두었으니 그쪽으로 이동해주시기 바랍니다.

昼食は菊の間にご用意いたしておりますので、そちらにお移りください。

4 참가자 여러분들을 위해 식사 쿠폰을 준비해두었으니 안내 데스크에서 받아 가시기 바랍니다.

参加者の皆さまのためにお食事のクーポンを用意しておりますので、受付の方でお取り下さい。

5 음료수를 준비해두었습니다. 이곳을 나가 같은 층 좌측에 있는 회의장에 준비해두었으니 자유롭게 드시기 바랍니다.

お飲み物を用意しております。ここを出まして同じフロアの左のところの会場にございますので、お気軽に召し上がってください。

6 참석하신 여러분들을 위해 간단한 선물을 준비해두었으니 돌아가실 때 받아 가시기 바랍니다.

参加された方々のために簡単な贈り物を用意いたしましたので、お帰りになる際、お取りくだされればと思います。

단어 및 표현

접수처(안내 데스크)	受付(うけつけ)
기념품	記念品(きねんひん)
선물	贈り物(おくりもの)
약소하다	ささやか

29

위로의 뜻을 전합니다

お見舞(みまい)い申(もう)し上(あ)げます

기본 표현

1 진심으로 위로의 뜻을 전합니다.
心(こころ)よりお見舞(みま)い申(もう)し上(あ)げます。

2 삼가 위로의 뜻을 전합니다.
謹(つつし)んでお見舞(みま)い申(もう)し上(あ)げます。

3 이재민 여러분께 위로의 뜻을 전합니다.
被災者(ひさいしゃ)の皆(みな)さまにお見舞(みま)い申(もう)し上(あ)げます。

응용 표현 1

1 피해를 입은 여러분께 진심으로 위로의 뜻을 전합니다.

被害を受けられた皆さまに、心よりお見舞い申し上げます。

2 태풍의 피해를 당한 분들께 진심으로 위로의 말씀을 전합니다.

台風の被害に遭った方々に心よりお見舞い申し上げます。

3 지진으로 재난을 당한 분들에게 삼가 위로의 뜻을 전합니다.

地震により被災された方々に謹んでお見舞い申し上げます。

4 불안한 마음으로 지내시는 이재민 여러분께 충심으로 위로의 뜻을 전합니다.

不安な気持ちでお過ごしの被災者の皆さまに衷心よりお見舞い申し上げます。

응용 표현 2

1 부상을 당한 분들께 위로의 뜻을 전하며 하루빨리 회복하시길 기원합니다.

負傷されました方々にお見舞い申し上げますとともに、一日も早い御回復をお祈り申し上げます。

2 지진으로 소중한 생명을 잃으신 분들께 삼가 조의를 표합니다.

地震により、かけがえのない命を奪われた方々に謹んでお悔やみ申し上げます。

3 희생을 당하신 분들과 그 유족에게 충심으로 애도의 뜻을 표합니다.

犠牲となられた方々とそのご遺族に対しまして、衷心より哀悼の意を表します。

4 막대한 피해를 입은 분들께 위로의 말씀을 전하고 아울러 유족 분들께 진심으로 조의를 표합니다.

甚大なる被害に遭われた方々にお見舞い申し上げますとともに、ご遺族の方々に心よりお悔やみを申し上げます。

5 쓰촨성에서 발생한 지진으로 돌아가신 분들께 삼가 조의를 표하며 아울러 재난 지역이 하루빨리 복구되기를 기원합니다.

四川省で発生した地震で亡くなられた方々に謹んでお悔やみを申し上げますとともに、被災地の一日も早い復興をお祈り申し上げます。

6 의연금(성금)을 모은 결과 많은 분들이 뜻을 전해오셨습니다. 재난을 당하신 분들께 전해드리겠습니다.

義援金（献金）を募ったところ多くの志を賜りました。被災された方々へお渡しいたします。

7 삼가 고인의 명복을 빕니다.

謹んでご冥福をお祈りいたします。

단어 및 표현

위로의 뜻을 전하다	お見舞(みま)い申(もう)し上(あ)げる
조의를 표하다	お悔(く)やみ申(もう)し上(あ)げる
	▷ 삼가 조의를 표합니다　謹(つつし)んでお悔(く)やみ申(もう)し上(あ)げます
애도의 뜻을 전하다	哀悼(あいとう)の意(い)を表(ひょう)する
이재민	被災者(ひさいしゃ)
재해를 입음, 이재	被災(ひさい)
소중한	かけがえのない
복구	復興(ふっこう)
뜻, 성의	志(こころざし)
의연금	義援金(ぎえんきん)
	▷ 의연금을 모으다　義援金(ぎえんきん)を募(つの)る

30

특별 행사를 거행하겠습니다

特別行事を執り行います(国民の儀礼/黙祷/授賞式・表彰式)

1 국민의례 国民の儀礼

지금부터 국민의례를 거행하겠습니다. 모두 일어서주시기 바랍니다.

ただいまより国民の儀礼を執り行います。皆さま、ご起立ください。

국기에 대하여 경례가 있겠습니다.

国旗に対する敬礼がございます。

국기에 대하여 경례!

国旗に向かって敬礼!

바로!

お直りください。

다음은 애국가 제창이 있겠습니다.

次は、国歌斉唱(愛国歌斉唱)がございます。

착석하시기 바랍니다.

ご着席ください。

2 묵도 黙祷

① 회원 가운데 서거하신 분들이 계십니다.

会員の方で、ご逝去された方がいらっしゃいます。

지금부터 돌아가신 회원 분들의 영령에 묵도를 올리겠습니다.

ただいまより、亡き会員の方々の御霊に黙祷をささげます。

대지진으로 희생을 당하신 분들께 묵도를 올리겠습니다.

大震災で犠牲になられた方々に黙祷をささげたいと思います。

묵도!

黙祷!

바로.

お直りください。

감사합니다.

ありがとうございました。

묵도를 마치겠습니다.

黙祷を終わります。

② 위원회 발족 초기부터 위원장으로 수고하신 ○○○위원께서 서거하셨습니다. 이 자리에서 삼가 명복을 빌며 함께 묵도를 올리겠습니다.

委員会発足時より委員長としてご尽力くださいました○○○委員が逝去されました。

ここで謹んでご冥福をお祈りして、全員で黙祷をささげたいと思います。

그럼 모두 일어서주시기 바랍니다.

それでは、皆さんご起立願います。

위원님의 명복을 빌며 묵도를 올리겠습니다.

委員のご冥福をお祈りし、黙祷をささげます。

묵도!

黙祷!

바로.

お直りください。

감사합니다.

ありがとうございました。

착석해주시기 바랍니다.

ご着席ください。

③ 순국선열 및 호국영령에 대한 묵념이 있겠습니다.

殉国先烈ならびに護国英霊に黙祷をささげます。
(戦争でお亡くなりになられた方々の英霊に黙祷をささげます。)

일동 묵념!

一同黙祷!

바로.

お直りください。

3 표창식 表彰式

① 표창장 수여식이 있겠습니다.

ただいまより表彰式を執り行います。

시장님께서 표창장과 부상을 증정하겠습니다.

市長より、表彰状と副賞をお贈りさせていただきます。

시장님께서 감사장과 금일봉을 증정하겠습니다.

市長より、感謝状と金一封を贈呈いたしたいと存じます。

시장님, 연단으로 나와주시기 바랍니다.

市長、ステージへお願いいたします。

두 분도 중앙으로 나와주십시오.

お二人も中央へお越しください。

여러분, 다시 한번 박수를 보내주시기 바랍니다. 축하드립니다.

皆様、再度拍手を送りください。おめでとうございます。

간단하게 소감을 부탁드릴 수 있을까요?

簡単にご感想をお聞かせいただけますでしょうか。

그럼 자리로 돌아가주시기 바랍니다.

それでは席へお戻りください。

그럼 여기서 기념 촬영을 하겠으니 중앙으로 나와주시기 바랍니다.

それではここで記念撮影を行いますので、どうぞ中央へお進みください。

② 그럼 지금부터 표창식 순서로 들어가겠습니다.

それではこれより表彰式に移ります。

수상자 분들을 소개하겠습니다.

受賞者の方々をご紹介いたします。

호명하면 무대 쪽으로 올라와주시기 바랍니다.

お名前をお呼びしますので、どうぞステージへお上がりください。

수상하신 분들을 위해 축하 꽃다발을 준비하신 분은 지금 전달해주시기 바랍니다.

受賞された方々にお祝いの花束をご用意された方はどうぞお渡しください。

축하드립니다.

おめでとうございます。

수상하신 분들께 축하의 박수를 보내주십시오.

受賞者の皆さんにお祝いの拍手をお願いいたします。

4 각서 교환 覚書の取り交わし

이어서 각서 교환 순서에 들어가도록 하겠습니다.

続きまして、覚書の取り交わしに移りたいと存じます。

양 단체를 대표하여 ○○○회장님, ○○○회장님, 단상으로 올라와주시기 바랍니다.

両団体を代表しまして、○○○会長、○○○会長、ステージにお上がりください。

그럼, 각서에 서명해주시기 바랍니다.

それでは、覚書にご署名をお願いします。

매체 관계자 여러분, 사진 촬영을 부탁드립니다.

報道関係の方々、どうぞここで写真撮影をお願いします。

5 테이프 커팅 テープカット

오프닝 세리머니의 테이프 커팅을 시작하겠습니다.

オープニングセレモニーのテープカットを行(おこな)います。

지금부터 왼손으로 테이프를 잡으시고 오른손으로 가위를 테이프에 대주시기 바랍니다.

これより、左手(ひだりて)でテープをお持(も)ちになり、右手(みぎて)ではさみをテープにあてて(そえて)ください。

그럼 테이프 커팅을 진행하겠습니다.

それではテープカットを進(すす)めさせていただきます。

제가 '시작'이라는 신호를 보내면 신호와 함께 테이프 커팅을 해주시기 바랍니다.

私(わたくし)が「どうぞ」と合図(あいず)させていただきますので、合図(あいず)と共(とも)にテープカットをお願(ねが)いいたします。

6 시삽식 鍬入(ざけか)れ式(ぞご)

시삽을 거행하겠습니다.

鍬入(くわい)れをとり行(おこな)います。

○○○ 분께서 시삽을 해주시겠습니다.

○○○方(かた)に鍬入(くわい)れを行(おこな)っていただきます。

공사의 안전을 기원하면서 시삽식에 참여했습니다.

工事(こうじ)の安全(あんぜん)を祈念(きねん)し、鍬入(くわい)れ式(しき)に臨(のぞ)みました。

단어 및 표현

국민의례	国民の儀礼 (こくみん ぎれい)
경례	敬礼 (けいれい)
바로!	お直りください
제창	斉唱 (せいしょう)
묵도를 올리다	黙祷をささげる (もくとう)
서거	逝去 (せいきょ)
돌아가신(회원)	亡き(会員) (な かいいん)
영령, 영	御霊、霊 (みたま れい)
명복을 빌다	冥福を祈る (めいふく いの)
호국영령	護国英霊 (ごこくえいれい)
상을 주다	賞を贈る (しょう おく)
표창장	表彰状 (ひょうしょうじょう)
부상	副賞 (ふくしょう)
감사장	感謝状 (かんしゃじょう)
금일봉	金一封 (きんいっぷう)
증정	贈呈 (ぞうてい)
소감	感想 (かんそう)
꽃다발	花束 (はなたば)
각서	覚書 (おぼえがき)
	▷ 각서를 교환하다　覚書を取り交わす (おぼえがき と か)
양해 각서	メモランダム
가위를 대다	はさみをあてる (そえる)
신호	合図 (あいず)

부록

인사말 사례,
진행 사례

1. 인사말 사례 (개회사)

안녕하십니까? ○○협회의 ○○회장입니다.

오늘 이곳 경주에서 열리는 제35차 총회 개최에 즈음하여 한국 측을 대표하여 인사 말씀을 드리겠습니다. 먼저 공사다망하신 가운데서도 멀리 일본에서 와주신 ○○○회장님을 비롯한 일본 측 대표단 여러분의 방한을 진심으로 환영합니다. 그리고 오늘 이 자리를 빛내기 위해 참석하신 한국 측 관계자 여러분께도 감사 말씀 드립니다.

우리 양 협회는 지금까지 단 한 차례도 거르지 않고 꾸준히 교류를 지속해왔으며 해를 거듭할수록 상호 협력 관계가 돈독하고 견실하게 발전해왔습니다. 최근에는 세계적인 경기 불황 속에서 많은 기업들이 광범위한 구조 조정과 비용 절감을 위해 노력을 경주하고 있습니다. 따라서 이제는 국내외 시장에서 상생의 협력 관계를 구축하지 않으면 안 됩니다. 그런 의미에서 오늘 회의에서 '글로벌 파트너십 구축'에 대해 논의하기로 한 것은 매우 시의적절한 시도라고 생각합니다.

다시 한번 자리를 함께해주신 내외 귀빈 여러분께 감사의 말씀을 드리며, 더욱 건승하시고 가내 평안하시기를 기원하면서 인사 말씀에 갈음하고자 합니다.

2. 인사말 사례 (축사)

지금 소개받은 ○○○입니다.

존경하는 양국 대표단 여러분, 그리고 ○○○시장님을 비롯한 내외 귀빈 여러분, 오늘 제25차 ○○회의가 이곳 제주도에서 개최된 것을 진심으로 축하드립니다. ○○회의는 한일 양국의 우호 협력과 교류 증진에 커다란 기여를 해왔으며, 앞으로 양국 관계 발전의 중심 역할을 해나갈 것으로 믿고 있습니다.

한일 양국은 불행했던 과거로 인해 때로는 갈등과 대립을 되풀이하기도 했지만 지역적 인접성과 역사적, 문화적 유사성을 고려할 때 동반자적 협력 관계로 나아갈 수밖에 없는 운명에 있다고 생각합니다. 금번 회의가 이를 확인하는 계기가 되기를 바라며, 뜻깊고 알찬 논의가 이루어지기를 기대합니다.

끝으로 금번 회의 개최를 위해 준비해 오신 한일 양국 관계자 여러분의 노고를 치하드리며 축사에 갈음하고자 합니다.

감사합니다.

3. 인사말 사례 (폐회사)

여러분, 안녕하십니까? ○○○사무관입니다.

비록 짧은 시간이었지만, 오늘 회의에서는 양국간 무역 및 투자, 환경에너지 협력, 그리고 최근의 세계경제 환경에 대해 폭넓은 의견 교환을 하였습니다. 회의를 성공적으로 이끌어주신 발표자와 토론에 적극 참여해주신 모든 분들께 감사의 말씀을 드립니다.

잘 아시다시피 지금 세계경제는 미국발 금융위기의 여파로 큰 어려움을 겪고 있습니다. 이러한 어려움을 해소해나가기 위해 각국의 정책 당국자들은 대응책 마련에 부심하고 있습니다만 아직 명확한 결론이 나오지 않고 있는 형편입니다.

이러한 세계경제 여건하에서 양국간 협력의 필요성은 더욱 커지고 있습니다. 서로의 역량을 모아 새로운 기회를 만들어나가야 합니다. 힘을 모을수록 더 크게 성공할 수 있는 분야들이 많이 있습니다. 그런 의미에서 오늘 논의된 방안들이 좋은 결실을 맺어 두 나라 간 경제협력을 한 단계 끌어올리게 되기를 기대합니다.

다시 한번, 참석해주신 양국의 경제계 여러분들께 감사드리며 여러분 모두의 건승을 기원합니다.

감사합니다.

4. 인사말 사례 (폐회사)

여러분, 오늘 하루 종일 대단히 수고 많으셨습니다. 제10차 한·중·일 비즈니스 포럼을 성공적으로 마치게 되어 기쁘게 생각합니다.

우리는 오늘, 동북아 지역의 경제협력 증진을 위하여 실질적이고 유용한 논의를 하였습니다. 이번 포럼은 우리가 나아갈 방향을 명확하게 설정한 중요한 자리였습니다. 무엇보다 한·중·일 FTA협상의 조속한 개시에 대하여 삼국 정부의 적극적인 관심과 지원을 촉구한 것은 이번 포럼에서 가장 의미 있는 성과입니다. 그밖에 우리는 에너지·환경·물류·관광 등에 대해서도 심도있는 토론을 하였습니다.

한·중·일 삼국의 지리적 인접성이나 이들 분야가 갖고 있는 특성 등을 고려할 때 상호간의 협력은 매우 중요하며 그 성과 또한 대단히 클 것으로 기대합니다. 모쪼록 이번 포럼에서 제기된 여러 제안들이 구체적인 공동 사업으로 추진되기를 희망하며 이를 계기로 우리의 경제협력 관계가 더욱 긴밀해질 것이라고 굳게 믿습니다.

마지막으로 오늘 회의를 위해 노고를 아끼지 않으신 중국의 ○○○부회장님을 비롯한 주최 측 관계자 여러분과, 오랜 시간을 함께하신 일본 측 위원장님, 그리고 참석하신 모든 분들께 깊은 감사를 드리며 내년에 서울에서 다시 뵙기를 기원합니다.

감사합니다.

5. 인사말 사례 (만찬사)

○○○대표를 비롯한 일본 대표단 여러분,

그리고 참석하신 한국 대표단 여러분,

오늘 우리는 매우 우호적인 분위기 속에서 유익한 의견 교환을 하였습니다. 이를 통해 앞으로 양국은 상호이해와 우호 관계가 더욱 돈독해질 것입니다. 이는 오로지 이 자리에 계신 여러분들의 땀과 수고의 결과라고 생각하며 다시 한번 깊이 감사드립니다.

아울러 이렇게 성대한 만찬을 준비해주신 주최 측 여러분께 심심한 감사 말씀을 드립니다.

양국 관계자 여러분의 건승과 발전을 기원하며 건배를 하겠습니다.

진행 사례 (국제회의)

여러분, 안녕하십니까?

지금부터 세미나를 시작하도록 하겠습니다. 오늘 회의는 동시통역으로 진행됩니다. 자리에 있는 동시통역 수신기를 이용해주시기 바랍니다. 채널은 1번이 한국어, 2번이 일본어로 되어 있습니다. 소리는 수신기 옆에 있는 다이얼을 돌려서 조정하시면 되겠습니다.

저는 오늘 사회를 맡은 광고국의 ○○○입니다. 먼저 바쁘신 와중에도 제20회 합동세미나에 참석해주셔서 감사합니다. 강연에 앞서 주최 측의 인사말씀이 있겠습니다. 먼저 한국 측을 대표하여 ○○신문사 ○○○전무님의 인사 말씀이 있겠습니다.

(인사)

전무님, 감사합니다.

이어서 일본 측을 대표하여 ○○신문사 ○○○상무님으로부터 인사말씀이 있겠습니다.

(인사)

상무님, 감사합니다.

그러면 지금부터 오늘의 강연을 시작하겠습니다. 첫 번째 강연은 ○○○논설위원께서 해주시겠습니다. 강연에 앞서 간단하게 논설위원의 약력을 소개해드리겠습니다.

(약력 소개)

그리면 논설위원님, 부타드립니다.

(강연)

강연 내용 잘 들었습니다. 혹시 질문하실 분이 있으면 질문을 받도록 하겠습니다. 안 계시면 다음 강연을 듣도록 하겠습니다.

두 번째 강연은 ○○종합연구소의 선임연구원께서 '○○○'을 주제로 강연해주시겠습니다. 마찬가지로 강연에 앞서 선임연구원의 약력을 간단하게 소개해드리겠습니다.

(약력 소개)

그러면 선임연구원님께 강연을 부탁드리겠습니다.

(강연)

감사합니다. 그럼 여기서 질문을 받도록 하겠습니다. 방금 들으신 강연이나 조금 전의 강연에 대해 질문을 하셔도 좋고 또는 의견 등을 말씀해주셔도 좋습니다. 질문이 있는 분은 손을 들어주시면 사무국 직원이 마이크를 가져다 드리겠습니다. 간단하게 성함과 소속을 밝혀주시면 감사하겠습니다.

(질문, 의견)

예, 감사합니다.

그러면 지금부터 10분간 쉬겠습니다. 입구 쪽에 다과가 준비되어 있으니 이용해주시기 바랍니다.

(휴식)

지금부터 토론에 들어가도록 하겠습니다. 오늘 토론해주실 분은 앞에 계신 ○○와 ○○이십니다. 우선 첫 번째 강연에 대해 토론하실 선생님을 소개해드리겠습니다.

(토론자의 약력 소개)

다음은 두 번째 강연에 대해 토론해주실 선생님을 소개해드리겠습니다.

(토론자의 약력 소개)

(토론)

감사합니다. 혹시 플로어에 계신 분들 중에 의견이 있으면 듣고 싶습니다. 어떻습니까? 강연자, 혹은 지금 토론 내용에 대한 의견이나 질문을 해주셔도 상관없습니다. 아, 네, 중앙에 앉아 계신 분께서 손을 드셨네요. 사무국 직원은 마이크를 가져다주시기 바랍니다.

(질문)

감사합니다. 그럼 이것으로 오전 일정을 모두 마치도록 하겠습니다.

점심 식사와 오후 일정에 대해 간단하게 말씀드리겠습니다. 12시부터 점심 식사가 있습니다. 발표자와 토론자는 바로 옆에 있는 그랜드 볼룸에 점심 식사가 마련돼 있으니 그쪽으로 이동해주시기 바랍니다. 아울러 참가자 여러분들을 위해 점심 식사 쿠폰을 준비해두었습니다. 나가실 때 입구에서 받아 가시면 되겠습니다. 장소는 지하 1층 ○○룸입니다. 사무국 직원이 입구에서 안내해드릴 터이니 에스컬레이터를 이용해 내려가시면 됩니다.

식사 이후 오후 13시 30분부터 분과회가 열릴 예정입니다. 모두 3개의 분과회가 준비돼 있습니다. 장소는 사전에 배포해드린 자료에 명시돼 있으니 확인하시고 각각 해당 분과회에 참석해주시기 바랍니다. 그러면 즐거운 식사 시간을 가지시길 바랍니다.

(오후 분과회)

이것으로 오늘의 모든 일정을 마치겠습니다. 다시 한번 발표자와 토론자, 그리고 참석자 여러분들께 진심으로 감사 말씀 드립니다.

대단히 감사합니다.

1. 挨拶の例 (開会の挨拶-1)

皆様、おはようございます。○○新聞社の鈴木でございます。

日本側の主催者を代表いたしまして一言ご挨拶を申し上げます。

この度はご多忙の中、弊社が主催いたしますセミナーにご参加いただきまして誠にありがとうございます。

本セミナーは、日本と韓国のマーケティングビジネスの第一線で活躍されている両国の皆様にお集まりいただき、相互の交流と発展を目的として発足いたしましたが、お陰さまで回を重ね今回は記念すべき第４０回目を迎えることができました。これもひとえに、皆様のご支援、ご協力の賜物であると感謝いたしております。

改めて申し上げるまでもなく、日韓両国は地理的に最も近い国であり、また、経済、文化も共有するところの多い国です。両国はこれまでさまざまな機会や枠組みを通じて交流を深め、関係強化に取り組んでまいりました。本日のセミナーにおいても、従来にも増して、お互いの理解と友好を深めていただくことを願っております。

さらに、業界をめぐる情勢や課題、新たな可能性について率直に意見交換を行うのは、誠に時宜に適ったことと存じます。是非、懇談のなかで、互いに膝を交えてアイデアを出し合い、建設的な意見交換ができればと存じます。そして、未来志向の新たな両国関係を築いていく更なる一歩となることを強く期待しております。

最後になりましたが、お忙しいところご講演を引き受けていただいた講師の皆様に御礼を申し上げ、このセミナーが実り多きものとなることを祈念いたしまして、私の挨拶とさせていただきます。

本日は誠にありがとうございました。

2. 挨拶の例 (開会の挨拶-2)

○○首席代表並びに大韓民国代表団の皆様、私は○○省審議官の平井でございます。

本日、伝統ある日韓産業協力委員会第４６次会議の開会に当たり、日本側を代表して御挨拶申し上げる機会を得ましたことを大変光栄に存じます。

まず、○○首席代表をはじめ大韓民国関係者の皆様方の、私ども代表団に対する心温まる歓迎と本会議開催に当たっての周到な準備に対し、心から感謝申し上げます。

本委員会は、１９６４年に東京で第１回会議を開催して以来、今回で４６回を数えるに至りました。この間、両国関係者の努力により、共同研究の推進、技術者の相互交流等各般にわたり成果をあげ、両国の産業分野の発展に大きく貢献してきました。

最近の○○産業をめぐる情勢を見てみますと、温室効果ガスの吸収対策、地球温暖化防止に関連したバイオマスの利活用の促進、世界的な食料価格高騰問題への対策など、多くの課題を抱えています。特に地球温暖化問題につきましては、昨年１２月に開催されたＣＯＰ１５のコペンハーゲン合意実行のための各国の取組みの強化が迫られているところです。

このように取り組むべき課題が山積しておりますが、類似した気象条件や産業を持つ日韓両国が協力することにより、両国の産業が抱える課題を解決する糸口となることが期待されるところです。

今回の会議でも、幅広く率直な意見交換が行われ、実り多い成果が得られることを期待し、私の挨拶とさせていただきます。

ありがとうございました。

3. 挨拶の例（祝辞-1）

第30回ソウル総会の開催をお慶び申し上げます。

大韓民国は、本年、建国六十周年という記念すべき年を迎えております。

韓国は、この六十年の間、世界史上、例のないほどの短期間で産業化と民主化を同時に果たし、有数の経済大国となられました。これを実現させた韓国国民の努力に、敬意を表したいと存じます。

この間、両国国民間の交流は、政治、経済、文化、芸術など、あらゆる分野で活発に行われました。日韓関係をここまで押し上げる牽引力となった皆様のご尽力に最大限の感謝を申し上げ、敬意を表したいと思います。

総会において、両国の指導的立場にある皆様が、さまざまな分野における日韓の協力につき、胸襟を開いた率直な意見交換を行うことは、極めて有意義であると考えます。

改めてソウル総会の開催をお祝い申し上げるとともに、皆様のますますのご発展、ご活躍をお祈り申し上げながら、私の挨拶とさせていただきます。

4. 挨拶の例 (祝辞-2)

ただいまご紹介を賜りました大野でございます。本日はお招きを賜りまして誠にありがとうございます。一言ご挨拶を申し上げます。

まずは、○○委員長の金塔産業勲章の御受勲を心よりお喜び申し上げます。

本日の御受勲は、○○グループが高付加価値化学製品の輸出基地として、また韓国の誇る電子産業を支える素材供給産業として、大きく発展させた功績によるものであります。

さらに、この間、輸入代替や輸出拡大、韓国産業の高度化に貢献しただけでなく、合弁事業や技術供与、出資など、韓国企業との様々なビジネスパートナーシップによって、日韓経済関係の強化にも大きな役割を果たされました。

○○委員長をはじめとする○○○グループの皆様のこうしたご貢献に改めて敬意を表する次第でございます。

最後に、○○○グループの韓国における事業活動のますますのご発展と、本日ご参集の皆様のご健勝・ご活躍をお祈り申し上げまして、私の挨拶とさせていただきます。

本日は、誠におめでとうございました。

5. 挨拶の例（閉会の挨拶）

本日は、講師の先生方、パネリストの皆様方、長時間にわたって貴重なご議論をいただきまして、誠にありがとうございました。いまだパネルディスカッションの熱気が冷めやらぬ中でございますが、最後の締めのごあいさつをさせていただきたいと思います。

本日は多くの方々が熱心に1日がかりでご参加くださり、深く感謝を申し上げる次第でございます。

さて、先ほど来お話がございましたが、知的財産の研究にはいろいろと複雑な問題が絡んでおります。知財を守ることで技術革新や発明を促進する一方、それを守りすぎるとせっかく生まれた技術や著作がほかの技術や文化を生み出すために活用されなくなるという、非常に難しいジレンマ、トレードオフがあります。これが知財をめぐるさまざまな政策決定の難しい点であると私どもは認識しております。

そこで、当団体では知財戦略の体系的な構築の企画立案ができる人材の養成を目指して、知財プログラムを運営しております。できたばかりの新しいプログラムですが、本日のような機会を大いに活用しまして、社会的にも有益な成果を出せるよう努めてまいりたいと思います。ご参画の皆様方におかれましては、この知財プログラムの研究教育活動を末永くご支援いただければと存じます。

最後になりましたが、講師やパネリストの皆様方、会場にお集まりの皆様方、そして本日のフォーラム開催にあたり、ひとかたならぬご尽力をされましたOO団体の皆様に重ねて厚く御礼申し上げながら簡単ではございますが、閉会のあいさつに代えさせていただきます。

本日は誠にありがとうございました。

6. 挨拶の例（晩餐辞-1）

本日は、このような盛大な晩餐会を催していただき、誠にありがとうございます。

日本側を代表して、心よりお礼申し上げます。

では、○○○委員長をはじめご列席の皆様のますますのご健勝とご活躍を祈念いたしまして、乾杯したいと存じます。

ご唱和願います。

乾杯！

どうもありがとうございました。

7. 挨拶の例（晩餐辞-2）

○○○首席代表並びに大韓民国代表団の皆様、本日から始まりました第４６次会議におきましては、友好的な中にも、有意義な意見交換が行われております。これも、ひとえに大韓民国関係者の皆様方のお陰と感謝しております。

また、本日は、このように盛大な歓迎の宴を設けていただきましたことに心から感謝申し上げます。

両国間の交流を通じまして、相互理解が一層深まり、強固なパートナーシップが築き上げられることを念願しております。

この会議が、より多くの成果を上げますとともに、両国関係者の益々の御健勝と御発展を祈念し、私の挨拶とさせていただきます。

ありがとうございました。

8. 挨拶の例 (晩餐辞-3)

韓国の代表団の皆様、

昨日に引き続き、本日も友好的な雰囲気の中で活発な討議が行われました。

これもひとえに、大韓民国側関係者の方々の周到な準備のお陰と感謝しております。

私にとっては、一昨年の春に続く3回目の韓国訪問です。今回は春ということで、会場周辺の景色も違っており、この素晴らしい環境のもとで会議が進行できていることを嬉しく思っております。

どうか時間の許す限りご歓談いただき、日韓両国の友好と交流を一層深めていただきたいと思います。

それでは、両国関係者の益々の御健勝と御発展を祈念し、皆様と乾杯したいと思います。

乾杯！

ありがとうございました。

9. 発表事例

ただいまご紹介にあずかりました○○でございます。

本日はこのようなすばらしいセミナーで発表する機会を与えていただきまして誠に光栄に存じます。

それでは、早速本題に入りたいと思います。

本日、私に与えられたテーマは「日本の経済状況」でありますので、まず、日本経済を取り巻く現状と今後の課題についてご説明したいと思います。

はじめに、目下の経済情勢について申し上げたいと思います。

（中略）

以上、限られた時間で駆け足ではございましたが、わが国経済の現状と今後の課題についてお話しいたしました。

ご出席の皆様が議論される上で、私の話が何らかの参考になれば幸いです。

本日のセミナーが有意義、かつ実り多いものとなることを祈念いたしまして私の発表を終わりたいと存じます。

ご清聴、ありがとうございました。

10. 進行の例（国際会議、セミナーなど）

司会：

皆様、大変長らくお待たせいたしました。

私は本日の司会を務めます○○財団の○○でございます。よろしくお願いいたします。

本日の会議は同時通訳で行われますので、お手元の通訳レシーバーをご利用下さい。

日本語はチャンネル１番、韓国語はチャンネル２番でございますので、お確かめいただきたいと思います。

それでは、ただいまより開会式を執り行いたいと思います。

開会に際しまして、まず両国の代表からご挨拶がございます。

まず、日本側代表の○○委員長よりご挨拶を申し上げます。

○○代表、よろしくお願いいたします。

（挨拶）

ありがとうございました。

引き続きまして、韓国側代表の○○委員長よりご挨拶をいただきたいと思います。

どうぞよろしくお願いいたします。

（挨拶）

どうもありがとうございました。

続きまして、ご来賓の方々のご挨拶をいただきたいと思います。

まず、今回は日本での開催ということもございまして、まず日本側から○○様よりご挨拶をいただきたいと思います。

○○様、 よろしくお願いいたします。

（祝辞）

ありがとうございました。

続きまして、韓国側よりご挨拶を頂戴したいと思います。○○様、よろしくお願いいたします。

（祝辞）

ありがとうございました。

ご多忙の中、会議に参加され、ご挨拶をしていただいたご来賓の皆様に厚くお礼を申し上げます。

以上をもちまして開会式を終了いたします。

これから基調講演の部に移りますが、ここで○○様と○○様はご公務のためこれより退席されます。皆様、盛大な拍手をお願いします。

（拍手）

それでは、ただいまより基調講演を始めたいと思います。

本日基調講演をしていただきます方は○○先生でいらっしゃいます。演題は「○○」でございます。

それでは○○先生をお迎えいたします。

（基調講演）

ありがとうございました。非常に示唆に富むお話をしていただきました。

では、ここで、コーヒーブレークの時間をもちたいと思います。

予定時間を少し越しておりますので、10分ほど短縮させていただきたいと思います。

11時10分から再開いたしますので、それまでにお席にお戻りください。

なお、会場の外にお飲み物を用意いたしておりますので、ご利用ください。

（コーヒーブレークの時間）

それでは、ただいまから第1セッションを始めたいと思います。

第1セッションで座長を務めていただきます○○さんをご紹介します。

座長：

おはようございます。

ただいまご紹介いただきました○○大学の○○でございます。

本日第1セッションで座長を務めさせていただきますので、よろしくお願いいたします。

では、これからの進め方とテーマについて簡単にご説明します。

（説明）

ではまず、今日の発表者と討論者の方々をご紹介します。

（紹介）

それでは、最初の発表に移ります。

○○より「○○」と題して発表をしていただきます。○○さん、よろしくお願いいたします。

（発表）

ありがとうございました。

それでは、討論（パネルディスカッション）に入りたいと思います。

まことに恐れ入りますが、時間が限られておりますので、3分以内でご発言いただければ幸いに存じます。

（討論、コメント）

ありがとうございました。

では次は、質疑応答の時間に入りたいと思います。

まず、フロアーの皆様からご質問やご意見などがございましたらお願いします。

挙手をしていただければ、事務局のスタッフがマイクをお届けいたしますので、お席にてご発言をお願いいたします。

ご発言は、お名前とご所属をおっしゃってからお願いいたします。なお、できましたらなるべく簡略にお願い申し上げます。

（質問）

まだまだご質問やご意見があろうかと思いますが、予定の時間が近づいてまいりましたので、ここまでといたします。

皆様方のご協力を得まして、滞りなく進めることができました。心からお礼申し上げます。

これをもちまして、第1セッションを終了いたします。ありがとうございました。

（第2セッションも同様）

司会：

それではただいまから閉会式を始めたいと思います。

両国の代表より閉会に際しまして、ご挨拶がございます。

最初に日本側から○○委員長より、続きまして韓国側委員長よりご挨拶を賜りたいと思います。

よろしくお願いします。

（閉会の挨拶）

ありがとうございました。

それでは、以上をもちまして、本日の会議をすべて終了いたします。

本日の会議にご参加いただき、ご協力くださいました皆様方に心より感謝申し上げます。

本日は誠にありがとうございました。

11. 進行の例（合同総会や委員会など）

日本側幹事：

ただ今から、○○委員会の第20次合同総会を開催します。

まず、最初に日本側委員長よりご挨拶を申し上げます。

日本側委員長：

（挨拶）

日本側幹事：

ありがとうございました。続きまして韓国側委員長よりご挨拶をいただきます。

韓国側委員長：

（挨拶）

日本側幹事：

ありがとうございました。次に両国の委員長より代表団を紹介していただきます。まず、日本側委員長からお願いします。

日本側委員長：

それでは日本側代表団をご紹介します。

（紹介）

日本側幹事：

ありがとうございました。引き続き韓国側委員長にお願いします。

韓国側委員長：

それでは韓国側代表団をご紹介します。

（紹介）

日本側幹事：

ありがとうございました。本委員会の運営規定に従い、議長を日本側委員長にお願いしたいと思いますがよろしいでしょうか。

韓国側委員長：

同意します。

日本側委員長：

それでは、○○委員会の運営規定に従いまして、私が議長を務めさせていただきます。

なお、会議の使用言語につきましては、同運営規定によりますと日本語、韓国語及び英語と定められておりますが、今回の会議も、これまでの例に従い、韓国語と日本語をもって会議を進めたいと思いますが、同意いただけますでしょうか。

韓国側委員長：

同意します。

日本側委員長：

ありがとうございました。次に議題の確認を行います。議題は、両国関係者の事前協議によりまして、既に議論されています。

議題1 日韓両国の課題

（1）xxxxxxxx

（2）xxxxxxxxx

（3）xxxxxxxxxxx

議題2 ○○○に関する特別議題

（1）xxxxxxxx

（2）xxxxxxxxx

（3）xxxxxxxxxxx

となっております。よろしいでしょうか。

韓国側委員長：

同意します。お互いの関心事項について、よく議論したいと思っています。

日本側委員長：

次に、会議結果の整理を容易にするため、合意議事要録について、両国の委員長の指名する起草委員により、案を作成したいと思いますが、よろしいでしょうか。

韓国側委員長：

同意します。

日本側委員長：

ありがとうございました。それでは、議題1の「日韓両国の課題」について、古川よりご説明いたします。

（説明）

日本側委員長：

続きまして、韓国側からご説明をお願いします。

（説明）

日本側委員長：

ありがとうございました。両国の説明に対し、ご質問がございましたらお願いします。

（質疑応答）

日本側委員長：

それではここで１０分ほどの休憩を取りたいと思います。

（休憩）

それでは、会議を再開します。

議題の（2）の「○○○」について、両国に説明願います。

（説明）

日本側委員長：

両国の説明に対し、ご質問がございましたらお願いします。

（質疑応答）

日本側委員長：

それではここで、午前中の会議を終了したいと思います。午後の会議は2時から再開いたします。なお、昼食は韓国側委員長の答礼宴が用意されておりますので、事務局の案内によりご移動をお願いします。

（昼食）

日本側委員長：

それでは、会議を再開します。

（午後の会議）

日本側委員長：

以上で、準備いたしました議題は終了いたしましたが、その他、特段のご発言がございましたらお願いします。

発言もないようですので、次に、次回の第21次合同総会の開催についてお諮りいたします。

これに関して、韓国側のご意見をいただきたいと思います。

韓国側委員長：

次回は、運営規定に従い、適当な時期にソウルにおいて開催することにしたいと思います。

日本側委員長：

ありがとうございました。よろしくお願いいたします。

日本側幹事：

ありがとうございました。

これをもちまして、議事を終了いたします。ご協力ありがとうございました。

それでは、閉会に当たりまして、日本側委員長よりご挨拶を申し上げます。

（挨拶）

日本側幹事：

ありがとうございました。続きまして韓国側委員長からご挨拶をいただきます。

（挨拶）

日本側幹事：

ありがとうございました。以上をもちまして、第20次日韓合同総会を閉会いたします。

なお、このあと玄関で両国代表団の記念撮影を実施しますので、ご移動お願いします。

また、18時30分から歓迎の席を設けておりますので、記念撮影の後は事務局のご案内によりご移動願います。

12. 進行の例（イベント大会など）

アナウンス:

— ご来場の皆様に申し上げます。

本日お席はすべて自由席となっておりますが、後からいらっしゃる方のために、前方の空いているお席より詰めておかけください。ご協力のほど、よろしくお願いいたします。

なお、開演は2時からとなっておりますので、今しばらくお待ちください。

— ご来場の皆様に申し上げます。

まもなく開演いたしますので、ロビーにおいでの方は、会場内にお入りください。なお、遅れていらっしゃる方のために、お席をお詰めになっておかけいただきますようお願い申し上げます。

— 開演に先立ちまして、ご来場の皆様に申し上げます。

大会中は携帯電話の電源をお切りいただくか、マナーモードにご設定いただきますよう、お願い申し上げます。

なお、会場内は禁煙となっております。おタバコをお吸いの方は一階に喫煙コーナーがございますので、そちらをご利用ください。

また先ほど、受付でお渡しいたしました封筒の中にアンケート用紙が入っております。お帰りの際に受付で回収させていただきますのでよろしくお願いいたします。

— お手許には同時通訳レシーバーをご用意しております。レシーバーの設定は1チャンネル日本語、2チャンネル英語、3チャンネル韓国語となっておりますのでお確かめください。

— 続きまして、本日のプログラムについてご案内いたします。

(中略)

公演をしていただく方々のプロフィールなどにつきましては、お手許のプログラムに記載されておりますので、そちらを適宜ご参照ください。

なお、終了時刻は、１８時を予定しております。

それでは、ただいまから「OOO大会」の開会に先立ち「OOバンド」の皆様の元気いっぱいのマーチング演奏をお聞きいただきます。

(演奏)

― 「OOバンド」の皆さん、素晴らしい演奏ありがとうございました。

ただいま舞台の配置を直しますので、少々お待ちください。

― 大変お待たせいたしました。

これからの進行については、OOさんにお願いします。

OOさん、よろしくお願いいたします。

司会:

皆さま、私はOO大会の司会を担当いたしますOOOでございます。

ではさっそく、開会式を執り行いたいと思います。まず、主催者であります実行委員長のOOよりご挨拶申し上げます。

（挨拶）

（中略）

以上をもちまして、００大会の全プログラムを終了いたします。

会場の皆さまも長時間にわたりご参加いただき、ありがとうございます。

アナウンス:

― ご来場の皆さまにお知らせ申し上げます。

開会前にご案内申し上げましたが、本日のプログラムと一緒にアンケート用紙を同封させていただいております。お帰りの際に入り口のアンケート回収箱にお入れいただきますようお願いいたします。

なお、この後19時より、００ホールにて００主催によるレセプションが行われます。ご参加される方は、ご入場時にお配りいたしましたネームプレートをご着用いただき、お隣の００ホールまでご移動ください。また、お使いになった通訳レシーバーは必ずご返却くださいますようお願い申し上げます。

それでは、どなた様も、お忘れ物のございませんよう、いま一度 お手回り品お確かめの上、ご退場ください。

2부

주주총회

日本語

1

정기 주주총회를 개최하겠습니다

定時株主総会を開会いたします

기본 표현

1 곧 ○○주식회사 제40기 정기 주주총회가 시작됩니다.

まもなく○○株式会社第40期定時株主総会が始まります。

2 오늘 주주총회의 사회를 담당하게 된 사업지원부의 ○○○입니다.

本日の株主総会の司会を担当いたします事業支援部の○○○でございます。

3 우선 오늘 주주총회의 의장을 소개해드리겠습니다.

まず、本日の株主総会の議長をご紹介いたします。

4 우선 의장의 개회 선언이 있겠습니다.

まず、議長より開会宣言がございます。

5 **오늘 주주총회가 원활하게 진행될 수 있도록 여러분의 협조를 부탁드립니다.**

本日の株主総会が円滑に進められますよう皆様のご協力をお願い申し上げます。

응용 표현 1

1 곧 ○○주식회사 제40기 정기 주주총회가 시작됩니다. 밖에 계신 주주님들께서는 행사장 안으로 들어와주시기 바랍니다.

まもなく○○株式会社第40期定時株主総会が始まります。外にいらっしゃる株主様は会場にお入りくださいますようお願い申し上げます。

2 오늘 주주총회의 사회를 맡은 사업지원부의 ○○○입니다. 그럼 지금부터 ○○주식회사 제40차 정기 주주총회를 개회하겠습니다.

本日の株主総会の司会を担当いたします事業支援部の○○○でございます。それでは、ただ今より○○株式会社第40回定時株主総会を開会いたします。

3 우선 오늘 주주총회의 의장을 소개해드리겠습니다. 당사의 정관 제○○조의 규정에 따라 대표이사인 ○○○씨가 의장을 맡아주시겠습니다.

まず、本日の株主総会の議長をご紹介いたします。当社の定款第○○条の定めにより、代表取締役の○○○氏に議長を務めていただきます。

4 오늘 주주총회가 원활하게 진행될 수 있도록 여러분의 협조를 부탁드립니다. 아울러 진행에 방해가 되지 않도록 휴대전화는 전원을 끄거나 진동으로 바꿔주시기 바랍니다.

本日の株主総会が円滑に進められますよう皆様のご協力をお願い申し上げます。なお、進行の妨げにならないよう、携帯電話は電源をお切りになるか、マナーモードへお切り替えください。

TIPS

주주총회 진행 방식

주주총회는 사회자 없이 의장이 단독으로 진행하는 경우와 사회자와 의장이 역할을 나누어 진행하는 경우가 있다. 이때 사회자는 주주총회의 시작과 의장의 개·폐회 선언을 알리는 역할을 한다.

주주총회 소집

주주총회는 결산기마다 소집되는 정기 주주총회와 필요에 따라 수시로 소집되는 임시 주주총회가 있다. 이사회의 결정에 따라 대표이사가 총회를 소집하는 게 원칙이지만 소수 주주에 의해 소집되기도 한다. 주주총회의 결의 사항으로는 보통결의와 특별결의가 있다.

단어 및 표현

정기 주주총회	定時株主総会(ていじかぶぬしそうかい)
의장	議長(ぎちょう)
개회 선언	開会宣言(かいかいせんげん)
정관	定款(ていかん)
규정	定め(さだ)、規定(きてい)
대표이사	代表取締役(だいひょうとりしまりやく)

2

의장을 맡게 되었습니다

議長(ぎちょう)を務(つと)めます

기본 표현

1 정관 제25조의 규정에 따라 제가 본 총회의 의장을 맡게 되었습니다. 잘 부탁드립니다.

定款第(ていかんだい)25条(じょう)の定(さだ)めにより、私(わたくし)が本総会(ほんそうかい)の議長(ぎちょう)を務(つと)めます。よろしくお願(ねが)い申(もう)し上(あ)げます。

2 안녕하십니까? ○○○부사장입니다. ○○○대표이사께서 병환 중이라 제가 오늘 의장을 맡게 되었습니다.

おはようございます。副社長(ふくしゃちょう)の○○○でございます。代表(だいひょう)取締役(とりしまりやく)の○○○氏(し)は病気(びょうき)のため、私(わたくし)が本日(ほんじつ)の議長(ぎちょう)を務(つと)めることになりました。

응용 표현 1

1 안녕하십니까? 의장을 맡은 ○○○사장입니다. 오늘 이렇게 바쁘신 중에도 본 총회에 참석해주셔서 대단히 감사합니다. 그럼 지금부터 제35회 정기 주주총회를 시작하겠습니다.

おはようございます。議長を務めます社長の○○○でございます。本日は、お忙しいところ本総会にご出席いただきまして誠にありがとうございます。それでは、ただいまから第35回株主総会を開会いたします。

2 안녕하십니까? ○○○부사장입니다. 대표이사인 ○○○사장님께서 병환으로 부득이 참석하지 못하게 되어 당사 정관 25조의 규정에 따라 제가 오늘 총회의 의장을 맡게 되었습니다.

おはようございます。副社長の○○○でございます。取締役の○○○氏は病気のため、止むを得ず欠席いたしておりますので、当社の定款２５条の定めによりまして私が本日の議長を務めさせていただきます。

3 본 총회의 의사 운영과 관련하여 의장의 지시에 따라주시도록 참석하신 여러분들의 많은 이해와 협조를 부탁드립니다.

本総会の議事の運営につきましては、議長の指示に従っていただきますよう、ご出席の皆様のご理解とご協力のほどお願い申し上げます。

4 발언하실 주주님들은 손을 들어주시고 발언하시기 전에 우선 성명을 말씀해주시기 바랍니다.

ご発言を希望される株主様は挙手をしていただき、お名前をおっしゃってからご発言をお願いいたします。

3

출석 주주 및 주식 수를 보고드리겠습니다

出席株主および株式数をご報告申し上げます

기본 표현

1 그러면 사무국에서 출석 주주 및 주식 수를 보고드리겠습니다.

それでは、事務局より出席株主および株式数をご報告申し上げます。

2 그러면 본 총회의 주주 수 및 의결권 수를 보고드리겠습니다.

それでは、本総会におけます株主数および議決権数をご報告申し上げます。

3 본 총회에서 의결권을 행사하실 주주 수 및 의결권 수에 대해 사회자가 보고를 드리겠습니다.

本総会において議決権を行使される株主数、およびその議決権の個数につきまして司会者からご報告申し上げます。

응용 표현 1

1 오늘 총회에 출석하신 주주 수는 위임장을 제출하신 분을 포함하여 ○○명입니다.

本総会にご出席の株主数は、委任状をご提出いただきました方を含め○○名でございます。

2 본 총회에서 의결권을 행사하실 총 주주 수는 대리인 및 의결권 행사서를 제출하신 주주님을 포함하여 ○○명, 그 의결권 수는 ○○개입니다.

本総会において議決権を行使される株主様の合計は代理人ならびに議決権行使書をご提出いただいた方を含め○○名、その議決権数は○○個でございます。

3 먼저 출석 주주 및 주식 수를 보고드리겠습니다.
2020년 2월 21일 현재 당사의 총 주주 수는 ○,○○○명, 총 발행 주식 수는 ○,○○○,○○○주이며 이 가운데 의결권을 가진 주식 수는 ○,○○○, ○○○주이고 그 주주 수는 ○○명입니다. 오늘 10시 30분 현재 총회에 출석한 주주는 위임장 제출을 포함하여 ○○명이며 그 주식 수는 ○○주입니다. 이는 의결권 있는 주식 총수의 ○○%에 해당함을 보고드립니다.

まず、出席株主ならびに、その株式数をご報告いたします。2020年2月21日現在、当社の株主の合計は○,○○○名、発行株式の合計は○,○○○,○○○個であり、そのなかで議決権を有する株式数は○,○○○,○○○個で、その株式数は○○名でございます。
本日10時30分現在本総会にご出席の株主数は、委任状によるご提出を含めて○○名であり、その株式数は○○個でございます。これは議決権を有する株式総数の○○%に相当します。

단어 및 표현

출석 주주　出席株主(しゅっせきかぶぬし)

주식 수　株式数(かぶしきすう)

의결권　議決権(ぎけつけん)

▷ 의결권을 행사하다　議決権(ぎけつけん)を行使(こうし)する

의결권이 있다　議決権(ぎけつけん)を有(ゆう)する

의결권 수　議決権数(ぎけつけんすう)

의결권 행사서　議決権行使書(ぎけつけんこうししょ)

대리인　代理人(だいりにん)

위임장　委任状(いにんじょう)

제출하다　提出(ていしゅつ)する

4

성원이 되었습니다

定足数を満たしております

기본 표현

1 성원이 되었습니다.
定足数を満たしております。

2 성원이 되었음을 선포합니다.
定足数を満たしておりますことをご報告いたします。

3 방금 사회자가 보고드린 바와 같이 의결권 있는 주식 총수의 ○○%가 출석하였습니다.
ただいま司会者よりご報告がございましたように、議決権を有する株式数の○○%が出席しております。

응용 표현 1

1 모든 의안을 심의할 수 있는 법령 및 정관상의 정족수를 채웠으므로 본 총회는 적법하게 성립되었습니다.

全議案を審議できる法令および定款上の定足数を満たしておりますので、本総会は適法に成立いたしております。

2 방금 사회자가 보고드린 바와 같이 의결권 있는 주식 총수의 ○○%가 출석하였습니다. 이에 따라 본 총회는 보통결의 사항뿐만 아니라 특별결의 사항까지도 결의할 수 있는 요건을 갖추고 있음을 선포합니다.

ただいま司会者よりご報告がございましたように、議決権を有する株式数の○○%が出席しております。従いまして、本総会は普通決議事項だけでなく特別決議事項までも決議できる要件を備えておりますことをご報告申し上げます。

3 금일 부의 안건 결의에 필요한 의결권 있는 주식 총수의 ○○%가 출석함으로써 본 총회는 보통결의 사항뿐만 아니라 특별결의 사항까지도 결의할 수 있는 요건을 갖추고 있습니다. 이에 따라 본 주주총회는 상법 및 정관의 규정에 의거 적법하게 성립되었습니다.

本日の付議案件の決議に必要な議決権を有する株式数の○○%が出席し、本総会は普通決議事項だけでなく特別決議事項までも決議できる要件を備えております。従いまして、本総会は商法および定款の定めによりまして適法に成立いたしております。

TIPS

주주총회가 아닌 이사회에서 총회 성립을 알리는 표현

오늘은 위원 12명 중 11명의 위원께서 참석하여 성원이 되었음을 선포합니다.
本日は委員12名のうち11名の皆様にご出席をいただいておりますので、定足数を満たしております。(또는 ~満たしておりますことをご報告いたします)

모든 의안의 결의에 필요한 성원이 되었음을(정족수를 채웠음을) 선포합니다.
全議案の決議に必要な定足数を満たしておりますことをご報告申し上げます。

단어 및 표현

성원이 되다(정족수를 채우다)	定足数を満たす
선포하다	報告する
의안	議案
심의하다	審議する
적법	適法
보통결의	普通決議
특별결의	特別決議
결의하다	決議する
요건을 갖추다	要件を備える
부의 안건	付議案件
상법	商法

5

감사(영업) 보고가 있겠습니다

監査(営業)報告がございます

기본 표현

1 보고 및 의안 심의에 앞서(들어가기 전에) 감사 보고가 있겠습니다.

報告および議案の審議に先立ちまして(入る前に)監査報告をお願いいたします。

2 회의 순서에 따라 먼저 ○○○감사가 감사 보고를 해주시겠습니다.

会議の順序に従いまして、まず○○○監査役に監査報告をお願いいたします。

3 영업 보고서에 대해 보고드리겠습니다. 내용은 가지고 계시는 서류 ○쪽에서 ○쪽에 기재돼 있는 바와 같으며 개요를 설명드리겠습니다. (중략)

이상으로 재무상태표(대차대조표) 및 손익계산서의 보고를 마치겠습니다.

営業報告書についてご報告を申し上げます。お手元の書類0頁から0頁に記載の通りでございますが、その概略につきまして、ご説明申し上げます。(中 略)

以上で、貸借対照表および損益計算書のご報告を終わります。

응용 표현 1

1 법령 또는 정관에 위배되거나 현저하게 부당한 사항은 없었습니다.

法令もしくは定款に違反し、または著しく不当な事項はございません。

2 법령이나 정관에 적합하게 작성돼 있으며 위반 행위는 발견하지 못하였습니다.

法令および定款に適合しており、違反する事項は認められません。

3 ○○○상근감사입니다. 감사위원회는 제○○기 사업연도의 회계 및 업무에 관한 감사를 실시하였고 그 결과를 다음과 같이 보고합니다.

常勤監査役の○○○でございます。監査役会は第○○期事業年度の会計および業務に関する監査を行い、その結果を次のようにご報告いたします。

4 회계감사를 위하여 회계에 관한 장부와 관계 서류를 열람하고 재무제표 및 동 부속 명세표의 검토를 실시하였으며, 필요하다고 인정되는 경우 대조, 실사, 입회, 기타 적절한 감사 절차를 적용하였습니다.

会計監査に際し、会計に関する帳簿と関連書類を閲覧し、財務諸表及び同付属明細表の検討を行い、必要と判断した場合は照合、実査、立会い、その他の適切な監査手続きにより調査を行いました。

5 업무감사를 위하여 이사회 및 기타 중요한 회의에 출석하고 필요하다고 인정되는 경우에는 이사회로부터 영업에 관한 보고를 받았으며, 업무에 관한 서류를 열람하고 그 내용을 검토하는 등 적절한 방법을 사용하였습니다.

業務監査に際し、取締役会及びその他の重要な会議に出席し、必要と判断した場合は取締役会から営業に関する報告を受け、業務に関する書類を閲覧し、その内容を検討する等、適切な方法で監査を行いました。

6 감사위원회의 감사 보고서에 기재돼 있는 바와 같이 법령이나 정관에 위반되는 사항 및 부당한 사항은 발견되지 않았습니다. 외부 감사인인 ○○감사법인의 회계 관련 감사 방법 및 결과는 적정하며 회계 이외의 업무에 관해서도 법령이나 정관에 적합하여 부당한 사항은 발견되지 않았습니다. 이상 보고를 마치겠습니다.

監査役会の監査報告書に記載いたしました通り、法令・定款に違反する事項および不当な事項はございません。会計監査人であるOO監査法人の会計に関しての監査方法、および結果は相当であり、会計以外の業務につきましても、法令・定款に適合いたしており不当な事項はございません。以上、報告申し上げます。

TIPS

감사(監事&監査役)

회계 및 업무에 대해 감사(監査)를 담당하는 사람을 '감사(監事)'라고 한다. 일본에서는 주로 공공 기관에서 감사를 담당하는 사람을 「監事」라고 하고, 민간 기업에서 감사를 담당하는 사람을 「監査役」라고 부른다.

대차대조표와 재무상태표

재무제표의 하나로 현재 해당 기업의 재무상태를 보여주는 대차대조표는 K-IFRS(한국채택국제회계기준)의 도입을 계기로 재무상태표라는 명칭으로 불리게 되었다. 그러나 일부에서는 여전히 대차대조표라는 명칭을 함께 쓰고 있다.

단어 및 표현

감사 監査（かんさ）

감사 監事（かんじ）、監査役（かんさやく）

감사 보고 監査報告（かんさほうこく）

감사위원회 監査役会（かんさやくかい）

영업보고서 営業報告書（えいぎょうほうこくしょ）

재무상태표(대차대조표)(밸런스시트) 貸借対照表（たいしゃくたいしょうひょう）(バランスシート)

손익계산서 損益計算書（そんえきけいさんしょ）

기재 記載（きさい）

위배되다 違反（いはん）する、反（はん）する

부당한 사항 不当（ふとう）な事項（じこう）

적합 適合（てきごう）

현저하다 著（いちじる）しい

장부 帳簿（ちょうぼ）

재무제표 財務諸表（ざいむしょひょう）

대조 照合（しょうごう）

실사 実査（じっさ）

입회 立会（たちあ）い

이사회 取締役会（とりしまりやくかい）

상근 감사 常勤監査役（じょうきんかんさやく）

외부 감사인 会計監査人（かいけいかんさにん）

감사 법인 監査法人（かんさほうじん）

6

상정합니다

上程いたします

기본 표현

1 순서에 따라 의안 심의에 들어가겠습니다.
順序に従いまして、議案の審議に入ります。

2 제3호 안건인 '정관 일부 변경' 건을 상정하겠습니다.
第3号案件の「定款一部変更」の件を上程いたします。

3 제4호 의안인 '이사 선임의 건'을 상정하겠습니다.
第4号議案の「取締役選任の件」をお諮りいたします。

4 1호 의안에서 4호 의안까지는 승인 사항이므로 일괄적으로 제안 설명을 드리겠습니다.
1号議案から4号議案までは承認事項でございまして、一括してご説明いたします。

5 제안 설명은 이만 마치도록 하고 질문이나 의견을 받도록 하겠습니다.

ご説明はこれまでとし、ご質問もしくはご意見をお受けいたします。

6 더 이상 질문이 없으므로 표결로 넘어가겠습니다.

ご質問がございませんので、議案の採決に移りたいと存じます。

응용 표현 1

1 제4호 의안인 '이사 선임의 건'을 상정하겠습니다. 본 의안에 대해 심의하신 후 승인을 부탁드립니다.

第４号議案の「取締役選任の件」を上程いたします。本議案につきご審議の上、ご承認をお願い申し上げます。

2 이어서 제3호 의안에서 제7호 의안까지 각 의안을 상정하고 그 내용에 대해 제안 설명을 드리겠습니다.

引き続きまして、第３号議案から第７号議案までの各議案を上程するとともに、その内容につきましてご説明申し上げます。

3 제안 설명은 이만 마치도록 하고 심의에 들어가겠습니다. 제2호 의안에 찬성하시는 분께서는 손을 들어주시기 바랍니다.

ご説明はこれまでとして、審議に入りたいと思います。第２号議案に賛成の方は挙手をお願いいたします。

4 주주: 의장! '이사 보수 한도의 건'은 이사회가 결정하도록 일임할 것을 제안합니다.

의장: 지금 '이사 보수 한도의 건'은 이사회에 일임하자는 제안이 있었습니다. 이 제안에 찬성하시는 주주 분들은 박수를 부탁드립니다. 일임하시겠습니까?

株主: 議長!「役員報酬限度の件」は取締役会に一任することを提案します。

議長：ただいま、「役員報酬限度の件」は取締役会に一任するというご提案がございました。ご賛同いただける株主様は拍手をお願いいたします。ご一任いただけますか。

5 지금 의장에게 일임하자는 취지의 발언이 있었습니다만 이의 없습니까? 이 경우 정관의 취지에 위배되지 않는 자구 수정을 ○○에 일임하도록 하겠습니다.

ただいま議長に一任する旨のご発言がありましたが、ご異議ございませんか。その際、定款の趣旨に反しない字句の修正を○○に一任したいと思います。

6 '○○건'은 투표를 통해 가부를 결정하겠습니다. 이의 없습니까? 그럼 갖고 계신 투표용지에 기재돼 있는 '찬성'과 '반대' 중 한쪽에 동그라미표를 해주시기 바랍니다.

「○○の件」に関しては投票により賛否をお諮りしたいと存じます。ご異議ございませんか。それでは、お手元の投票用紙に記載されている「賛成」・「反対」のいずれかに○を付けてくださいますようお願い申し上げます。

TIPS

상정, 심의, 표결

의안을 내놓는 것을 '상정(上程、諮り)'이라고 하고 상정된 의안에 대해 논의하는 일을 '심의(審議)'라 하며 심의가 끝난 후 의안에 대해 가부의 의사를 표시하여 결정하는 일을 '표결(採決)'이라고 한다. 의안의 가부를 묻는 표결 방식에는 음성('이의 없습니다' 등), 기립 · 거수 · 투표 등의 방식이 있으며 의장이 방식을 정한다. 다만 총회의 결의로 방식이 정해져 있을 때에는 그 방식에 따라야 한다.

일괄 상정 방식(一括上程方式)과 개별 상정 방식(個別上程方式)

결의 사항을 심의하는 과정에는 일괄 상정 방식(一括上程方式)과 개별 상정 방식(個別上程方式)이 있다. 전자는 한꺼번에 의안을 상정하여 내용 설명을 하고 심의하는 방식이고, 후자는 각 의안별로 상정하여 심의하는 방식을 말한다.

단어 및 표현

상정하다	上程(じょうてい)する、お諮(はか)りする
심의하다	審議(しんぎ)する
표결	採決(さいけつ)
표결에 들어가다(넘어가다)	採決(さいけつ)に入(はい)る(移(うつ)る)
선임	選任(せんにん)
임원 보수 한도	役員報酬限度(やくいんほうしゅうげんど)
일임하다	一任(いちにん)する
취지	旨(むね)、趣旨(しゅし)
이의	異議(いぎ)
자구	字句(じく)
질의	質疑(しつぎ)
찬반	賛否(さんぴ)
투표용지	投票用紙(とうひょうようし)
O표를 하다	O(まる)を付(つ)ける

7

이의 없습니까?

ご異議(いぎ)ございませんか

기본 표현

1 의장 : 원안에 이의 없습니까?

議長(ぎちょう): 原案(げんあん)にご異議(いぎ)ございませんか。

2 주주 : 이의 없습니다.

주주 : 재청이오!

株主(かぶぬし): 異議(いぎ)ありません。

株主(かぶぬし): 賛成(さんせい)!

3 이의 있습니다!

이의 없습니다!

異議(いぎ)あり!

異議(いぎ)なし!

4 의안 제6호를 원안대로 승인하는 데 이의 없습니까?

議案第6号については、原案通り承認することにご異議ございませんか。

5 본 안을 일부 수정한 후 통과시키는 데 이의 없습니까?

本案を一部修正の上、可決することにご異議ございませんか。

응용 표현 1

1 원안에 찬성하시는 주주 분들께서는 일어서주시기 바랍니다.

原案にご賛成の株主様はご起立をお願いいたします。

2 찬성하시는 경우는 박수 또는 발언을 통해 의사를 표시해주시기 바랍니다.

ご賛成の場合は拍手またはご発言でご意思をお示しください。

3 질문이 없으므로 본 의안을 승인해주시기 바랍니다. 본 의안에 대해 이의 없습니까?

ご質問がございませんので本議案のご承認をお願いしたいと存じます。
本議案につきましてご異議ございませんでしょうか。

4 감사 호선은 지명 추천 방식에 따라 실시하고자 합니다만, 괜찮습니까?

監査役の互選は指名推選の方法により行うことにしたいと存じますが、よろしいでしょうか。

5 이의 없는 것으로 인정하여 감사 호선은 지명 추천에 따라 실시하겠습니다. 지명해주시기 바랍니다.

ご異議なしと認め、監査役の互選は指名推選により行います。ご指名をお願いいたします。

단어 및 표현

원안	原案
가결되다, 통과되다	可決する、承認可決する
재청	賛成
	• '재청'이란 남의 동의를 찬성하여 거듭 청한다는 뜻이다.
원안대로 승인하다	原案通り承認する
호선	互選
	• 특정한 사람들이 자신들 가운데서 서로 선출하는 것을 말한다.
지명 추천	指名推選

8

원안대로 승인되었습니다

原案通り承認されました

기본 표현

1 제2호 의안은 원안대로 승인되었습니다.
第2号議案は原案通り承認されました。

2 제3호 안건은 원안대로 승인되었음을 선포합니다.
第3号案件は原案通り承認されたことをご報告いたします。

3 본 의안은 부결되었습니다.
本議案は否決されました。

응용 표현 1

1 제2호 의안은 3분의 2 이상의 찬성을 얻었으므로 원안대로 승인되었습니다.

第2号議案は3分の2以上のご賛同を得ましたので、原案通り承認されました。

2 제3호 안건은 과반수의 찬성을 얻었으므로 원안대로 승인되었음을 선포합니다.

第3号案件は過半数のご賛同を得ましたので、原案通り承認されたことをご報告いたします。

3 본 의안은 찬성이 3분의 2에 달하지 못했으므로 부결되었습니다.

本議案は、賛成が3分の2に至りませんでしたので否決されました。

4 제10호 의안은 모두 이의가 없는 것으로 인정하여 원안대로 통과되었습니다.

第10号議案はいずれも異議が無いものと認め、原案通り承認可決されました。

5 감사합니다. 의결권 행사서를 통한 찬성을 합하여 찬성 과반수가 인정됩니다. 이에 따라 제3호 의안은 원안대로 가결되었습니다.

ありがとうございました。議決権行使書によるご賛成と合わせ、賛成過半数と認めます。よって第3号議案は原案通り承認可決されました。

단어 및 표현

~을(를) 선포하다 ~を報告(ほうこく)する

찬성을 얻다 賛同(さんどう)を得(え)る

달하다 至(いた)る

부결되다 否決(ひけつ)される

과반수 過半数(かはんすう)

9

동의가 제출되었습니다

動議が提出されました

기본 표현

1 지금 주주님으로부터 의장 불신임 동의가 제출되었습니다.
ただいま、株主様から議長不信任の動議が提出されました。

2 지금 ○번의 주주님으로부터 제5호 의안의 수정 동의가 제출되었습니다.
ただいま、○番の株主様から第5号議案の修正動議が提出されました。

3 방금 주주님으로부터 외부 감사인(회계감사인) 출석을 요구하는 동의가 제출되었습니다.
ただいま、株主様から会計監査人出席の動議が提出されました。

4 **일반 주주로부터 이사 후보자를 ○○○씨로 변경하자는 수정 동의가 서면으로 제출되었습니다.**

一般株主から、取締役候補者を○○○氏に変更する修正動議が書面で提出されました。

응용 표현 1

1 주주: 긴급동의! 의장 해임 동의입니다.

주주: 찬성이요!

주주: 재청이요!

의장: 여러 주주들로부터 의장 불신임 긴급동의가 제기되었습니다.

株主：緊急動議！議長の解任です。

株主：賛成！

株主：賛成！

議長：複数の株主が議長不信任の緊急動議を提起されました。

2 지금 의장 불신임에 관한 긴급동의가 제출되었습니다만, 불신임 동의안에 반대하시는 분은 손을 들어주시기 바랍니다.

감사합니다. 지금 동의는 부결되었으므로 제가 계속해서 의사를 진행하도록 하겠습니다.

ただいま、議長不信任案の緊急動議が提案されましたが、不信任動議案に反対の方は挙手をお願いします。

ありがとうございます。

ただいまの動議は否決されましたので、私がこのまま議長を続けます。

3 지금 수정 동의가 제출되었습니다만, 원안부터 먼저 심의하도록 하겠습니다. 이의 없습니까?

修正動議が提出されましたが、原案から先に審議したいと存じます。ご異議ございませんでしょうか。

4 지금 제안된 수정안은 원안이 가결됨에 따라 부결되었습니다. 수정안은 원안 가결에 따라 부결된 것으로 처리하겠습니다.

先程ご提案されました修正案は、原案可決により否決されました。修正案は原案可決により否決されたものとして取り扱わせていただきます。

5 지금 질문은 안건과 관계없는 것으로 판단하여 답변은 하지 않도록 하겠습니다.

ただいまのご質問は、案件に関係ないものと考えますので、答弁は差し控えたいと存じます。

6 조용히 해주시기 바랍니다. ○○○주주님, 발언을 중단해주십시오.

御静粛にお願いします。○○○株主さん、発言をおやめください。

단어 및 표현

동의	動議(どうぎ)
수정 동의	修正動議(しゅうせいどうぎ)
긴급 동의	緊急動議(きんきゅうどうぎ)
의장 불신임	議長不信任(ぎちょうふしんにん)
서면	書面(しょめん)
해임	解任(かいにん)
제기하다	提起(ていき)する
처리하다	取(と)り扱(あつか)う
정숙	静粛(せいしゅく)

10

이상으로 정기 주주총회의 폐회를 선언합니다

以上をもちまして定時株主総会を閉会といたします

기본 표현

1 이상으로 오늘의 의안 심의를 모두 마치겠습니다.

以上をもちまして、本日の議案の審議をすべて終了いたします。

2 이상으로 본 총회를 마치도록 하겠습니다. 대단히 감사합니다.

これをもちまして本総会は閉会といたします。本日は、誠にありがとうございました。

3 제○회 정기 주주총회는 이상으로 모두 마치겠습니다. 여러분의 많은 협조에 감사드립니다.

第○回定時株主総会はこれをもちまして散会といたします。皆様、ご協力誠にありがとうございました。

4 주주 여러분, 장시간 총회 진행에 협조해주셔서 대단히 감사합니다. 우리 임직원들은 주주 가치 향상을 최우선 과제로 삼고 앞으로도 최선의 노력을 다하겠습니다. 감사합니다.

株主の皆様、長時間総会の進行にご協力いただき、誠にありがとうございました。私ども役職員は株主価値の向上を最優先課題とし、今後とも最善の努力を尽くしてまいりたいと存じますのでよろしくお願い申し上げます。

응용 표현 1

1 폐회 선언에 앞서 공지 사항을 알려드리겠습니다. 제○○기 현금 배당과 관련하여 주식을 증권회사에 예탁하고 계신 주주님들은 ○월 ○○일 거래 증권계좌로 입금하여 드릴 예정이오니 확인해주시기 바랍니다.

閉会の宣言に先立ちまして、皆様にお知らせいたします。第○○期の現金配当につきましては、株式を証券会社に預託されている株主様には○月○○日までお取引の証券口座あてに振り込みをいたしますのでご確認いただきたいと思います。

2 배당금은 ○월 ○○일에 지급 관련 서류를 보내드린 후 ○월 ○일부터 지급하도록 하겠사오니 확인하시기 바랍니다. 주주 여러분들께서는 앞으로도 많은 지원을 해주시기를 부탁드립니다.

配当金につきましては、○月○○日付でお支払い関係書類をお送りし、○月○日よりお支払いを開始いたしますので、ご確認くださいますようお願い申し上げます。株主の皆様には、今後とも何卒よろしくご支援を賜りますようお願い申し上げます。

단어 및 표현

산회	散会
폐회 선언	閉会の宣言
예탁하다	預託する
입금하다	振り込む

부록

주주총회 진행 사례

식순

Ⅰ 개회 선언

Ⅱ 국민의례

Ⅲ 출석 주주 및 주식 수 보고

Ⅳ 의장 인사

Ⅴ 회의의 목적 사항

1. 보고 사항
   가. 감사보고
   나. 영업보고
2. 의결 사항
   제1호 의안　재무상태표(대차대조표), 손익계산서 및 이익잉여금처분계산서(안) 승인의 건
   제2호 의안　정관 일부 변경의 건
   제3호 의안　이사 선임의 건
   제4호 의안　감사 선임의 건
   제5호 의안　이사 보수 한도 승인의 건

Ⅵ 폐회 선언

주주총회 진행 사례

출처: 한국상장회사협의회, 증권거래소

사회자

이제 주주총회가 시작될 예정이오니 주주 여러분께서는 모두 자리에 앉아 주시기 바랍니다.

저는 오늘 주주총회의 사회를 맡게 된 ○○○ 총무부장입니다.

오늘 주주총회가 원활하게 진행되도록 적극적인 협조를 부탁드리며 아울러 회의 진행에 방해가 되지 않도록 소지하고 계신 핸드폰을 꺼주시거나 진동으로 해주시기 바랍니다.

의장께서 개회 선언을 해주시겠습니다.

의장

주주 여러분 안녕하십니까? 대표이사 ○○○ 사장입니다. 당사 정관 제20조의 규정에 따라 본인이 오늘 총회의 의장을 맡게 되었습니다. 그러면 지금부터 ○○주식회사 제45기 정기 주주총회를 시작하겠습니다.

(의사봉 3타)

사회자

다음은 출석 주주 및 주식 수를 보고드리겠습니다.

지난 12월 31일 기준일 현재 당사가 발행한 주식의 총수는 ○○주, 주주 총수는 ○○명이며 이중 의결권이 있는 주식의 총수는 ○○주입니다. 오늘 총회에 출석하신 주주는 위임 주주를 포함하여 ○○명이며 그 의결권이 있는 주식 수는 ○○주입니다. 이는 의결권 있는 주식 총수의 ○○%에 해당함을 보고드립니다.

의장

이상 보고드린 바와 같이 의결권 있는 주식 총수의 ○○%가 출석함으로써 본 총회는 보통결의 사항뿐만 아니라 특별결의 사항까지도 적법하게 결의할 수 있는 요건을 갖추고 있음을 말씀드립니다.

사회자

다음은 의장의 인사 말씀이 있겠습니다.

의장

주주 여러분, 안녕하십니까? (중략)

사회자

다음 회순은 회의의 목적 사항 중 보고 사항입니다.

의장

오늘 부의 안건 심의에 들어가기 앞서 보고 사항부터 말씀드리겠습니다. 오늘 보고 사항은 감사보고와 영업보고가 있겠습니다. 우선 감사보고를 드리겠습니다.

감사

상근 감사인 ○○○입니다.

본 감사들은 제○○기 사업연도의 회계 및 업무에 대한 감사를 실시하여 그 결과를 다음과 같이 보고드립니다.

1. 감사 방법의 개요

   본 감사들은 회계감사를 위하여 회계에 관한 장부와 관계 서류를 열람하고 재무제표 및 부속명세서를 검토하였으며 필요하다고 인정되는 경우 대조, 실사, 입회, 조회, 기타 적절한 감사 절차를 적용하였습니다. (중략)

2. 재무상태표(대차대조표) 및 손익계산서에 관한 사항 (중략)
3. 이익잉여금처분계산서에 관한 사항 (중략)
4. 영업보고서에 관한 사항 (중략)

또한 오늘 주주총회에 제출된 의안 및 서류에 대해서도 조사를 하였습니다만 법령 또는 정관을 위반하거나 현저하게 부당한 사안은 없었습니다.

이상 감사보고를 마치겠습니다.

의장

감사보고와 관련하여 질문 있습니까?

주주

없습니다.

의장

이상으로 감사보고를 마치겠습니다.

다음은 제○○기 영업보고서의 내용을 간략하게 보고드리겠습니다.

(중략)

다음은 부의 안건 심의에 들어가겠습니다.

그럼 제1호 의안 제○○기 재무상태표(대차대조표), 손익계산서 및 이익잉여금처분계산서(안) 승인의 건을 상정하겠습니다.

그럼 관리본부장이 간략하게 재무상태표(대차대조표), 손익계산서 및 이익잉여금처분계산서(안)에 대해 제안 설명을 해 올리겠습니다.

관리본부장

(설명)

의장

질문이나 의견이 있습니까? 없으시면 표결에 들어가도록 하겠습니다.

(표결)

이상 제1호 의안인 제○○기 재무상태표(대차대조표), 손익계산서 및 이익잉여금처분계산서(안) 승인의 건은 출석의결권의 과반수와 발행 주식 총수의 4분의 1 이상의 찬성으로 원안대로 승인되었음을 선포합니다.

(중략)

이상으로 오늘의 의안 심의를 모두 마치고 ○○주식회사 제○○기 정기 주주총회를 폐회하겠습니다.

(의사봉 3타)

앞으로도 회사에 관심을 가지고 지켜봐 주시도록 부탁드리며 저를 비롯한 경영진은 배전의 노력을 다하여 주주 이익의 극대화를 위하여 노력하겠습니다.

주주 여러분, 바쁘신 와중에 장시간 회의 진행에 협조해주셔서 대단히 감사합니다.

안녕히 돌아가십시오.

がぶぬしそうかい
株主総会

かいかいせんげん
I 開会宣言

こくみん ぎ れい
II 国民儀礼

しゅっせきかぶぬし　　　かぶしきすう　ほうこく
III 出席株主および株式数の報告

ぎ ちょう　あいさつ
IV 議長の挨拶

かい ぎ　もくてき じ こう
V 会議の目的事項

ほうこく じ こう
1 報告事項

かん さ ほうこく
イ 監査報告

えいぎょうほうこく
ロ 営業報告

けつ ぎ じ こう
2 決議事項

だい ごう ぎ あん　たいしゃくたいしょうひょう　そんえきけいさんしょ　り えきじょう よ きんしょぶんけいさんしょ
第1号議案　貸借対照表、損益計算書、利益剰余金処分計算書

あん しょうにん　けん
(案) 承認の件

だい ごう ぎ あん　ていかんいち ぶ へんこう　けん
第2号議案　定款一部変更の件

だい ごう ぎ あん　とりしまりやくせんにん　けん
第3号議案　取締役選任の件

だい ごう ぎ あん　かん さ やく　せんにん　けん
第4号議案　監査役の選任の件

だい ごう ぎ あん　とりしまりやくほうしゅうげん ど しょうにん　けん
第5号議案　取締役報酬限度承認の件

へいかいせんげん
VI 閉会宣言

株主総会のシナリオ

出처: OO企業の事例

司会（事務局）:

まもなく株式会社○○の第45期定時株主総会が始まります。株主の皆様は会場の中へお入りくださいますようお願い申し上げます。

株主の皆様、おはようございます。

私は本日、株主総会の司会を担当いたします事業支援室長の○○でございます。

ご多忙にもかかわらず、株主総会にご出席いただいた株主の皆様に心より感謝申し上げます。

それでは、ただいまより、株式会社○○の第４５期定時株主総会を始めたいと思います。

まず、本日の株主総会の議長をご紹介いたします。当社の定款第20条の定めにより、代表取締役社長の田中が議長を務めます。

議長、ご登壇ください。

まず、議長より開会宣言がございます。

議長:

おはようございます。社長の田中でございます。

本日の株主総会で議長を務めます。

それではただいまより、株式会社○○の第４５期定時株主総会を開催いたします。

司会（事務局）:

それでは、出席株主および株式数をご報告します。

2009年12月31日現在、当社の議決権を有する株式数は○,○○○,○○○個で、その株主数は○○○名でございます。本総会にご出席の株主数は、委任状をご提出いただきました方を含め○○名でございます。これは議決権を有する株式総数の○○%に相当します。

議長:

ただいま、事務局よりご報告がございましたように、議決権を有する株式総数の○○%が出席しております。従いまして、本総会は普通決議事項だけでなく特別決議事項までも決議できる要件を備えております。

司会 (事務局):

次は議長よりご挨拶がございます。

議長:

本日は何かとご多用のところ、株主の皆様には多数ご出席いただきまして、誠にありがとうございます。(…略…)

司会 (事務局):

次は、当社の監査役会より監査報告がございます。

監査委員長:

常勤監査役の鈴木でございます。

(中略)

監査役会の監査報告書に記載いたしました通り、法令・定款に違反する事項および不当な事項はございません。会計監査人である○○監査法人の会計に関しての監査方法、および結果は相当であり、会計以外の業務につきましても、法令・定款に適合いたしており不当な事項はございません。以上報告申し上げました。

司会 (事務局):

引き続きまして、2009年度第○○期の実績につき、議長からの営業報告がございます。

議長:

それでは、内容につきまして、その概要をご説明申し上げます。(中略)

議長:

順序に従いまして、議案の審議に入ります。

第1号議案の 「貸借対照表」、「損益計算書」、「剰余金処分の件」 を上程いたします。

(中略)

以上ご説明申し上げました。

それではご質問もしくはご意見をお受けいたします。

(中略)

ここで質疑を打ち切り、採決に移りたいと思います。

原案にご異議ございませんか。

株主ら:

異議ございません。

議長:

原案にご賛成の株主様は拍手をお願いいたします。

（拍手）

ありがとうございました。

過半数のご賛同を得ましたので本議案は原案通り承認可決されました。

(…略…)

以上をもちまして、本日の議案の審議をすべて終了いたしました。

なお、議事の終了後まことに恐縮でございますが、先程、新たに選任されました取締役を株主の皆様にご紹介いたします。

(中略)

これをもちまして、本総会を閉会といたします。本日はご多用のところご出席くださいまして、誠にありがとうございました。

일본어 국제회의 통역노트

펴낸날 2판 1쇄 2020년 2월 20일
2쇄 2022년 6월 20일
지은이 박혜경
펴낸이 정은경
펴낸곳 이화여자대학교출판문화원
주소 서울특별시 서대문구 이화여대길 52 (우03760)
등록 1954년 7월 6일 제9-61호
전화 02) 3277-2965(편집), 362-6076(마케팅)
팩스 02) 312-4312
전자우편 press@ewha.ac.kr
홈페이지 www.ewhapress.com
책임편집 민지영

ISBN 979-11-5890-304-6 13730
값 18,000원

이 도서의 국립중앙도서관 출판예정도서목록(CIP)은 서지정보유통지원시스템 홈페이지 (http://seoji.nl.go.kr)와 국가자료공동목록시스템(http://www.nl.go.kr/kolisnet)에서 이용하실 수 있습니다. (CIP제어번호: CIP2020003202)